Hendrik Trautmann
PALPITATIONEN

AF284039

Dank

Hendrik Trautmann

PALPITATIONEN

Bibliografische Information der Deutschen Nationalbibliothek:
Die Deutsche Nationalbibliothek verzeichnet diese Publikation in
der Deutschen Nationalbibliografie; detaillierte bibliografische
Daten sind im Internet über dnb.dnb.de abrufbar.

© 2022 Hendrik Trautmann

Herstellung und Verlag:
BoD – Books on Demand, Norderstedt

ISBN: 9783756210138

If you surrender to the wind, you can ride it.

TONI MORRISON

Entgegen-Entscheidung:

Hatte schlichtweg keine Lust mehr, keine Kraft für die
Anstrengung, einen Subtext über fiktive Charaktere,
Figurenkonstellationen und/oder eine komplexe Handlung
auszuarbeiten – insbesondere dann nicht, wenn ich zuletzt
wieder häufiger die Empfindung beim Durchwühlen von
Tagebüchern hatte, über Jahre angestapelte Notizen, Intuitives,
Fragmente, Aphorismen oder Gedichte eignen sich für
anvisierte Aussagen mehr als ebenso gut. Oder für
Andeutungen. Und Dopplungen.
Mal aufgrund ihrer Verdichtung, im Sinne des uneigentlichen
Sprechens, an anderer Stelle im Zuge entgegenstehender
verdumpfter Sachlichkeit; mal spontan, mal ausgegorener, mal
fertig, mal lückenhaft, durchkreuzend, abgebrochen, non finito.

MUNDTOT

In der Apotheke
nach einem Mittel gegen meine Scham
der Jetzigkeit fragend,
wurde ich salopp der Nostalgie bezichtigt.
Worauf ich nichts zu entgegnen hatte
als das Einatmen
einer nie dagewesenen Luft.

Wovon denn die Seele schmutzig werde,
fragt jemand, der gefragt wird,
wovon die Seele schmutzig wird,
wenn es ein Konstrukt wie die Katharsis gibt.

Wie lässt sich zu reiner Substanz vordringen
und warum steht das Gefühl im Raum,
wir müssten diese (wenn es sie überhaupt gibt)
konservieren?

ANATOLIJ-NEWS I

Anatolij hat mir erzählt,
wie die Genossen des Wehrdienstes
bei Knappheit
Bremsenreiniger getrunken haben,
der so süß war, so süß,
während er sich das sachlich eingeprägt hat.

RAFFUNG IM SPÄTSOMMER 2020

ein Anruf:
„Da steht Ihnen ja eine spannende Zeit bevor.“

eine Information:
„Ich wollte ihn gerade wiederbeleben.“

später dann:
„Das war ja eindrucksvoll!“

Danke, Leute.

Was mir abhanden gekommen ist:
        Ist das schon Leben oder noch Ablenkung?

Wir Menschen sind nun mal unterbewusst dauerhaft derbe frustriert, weil wir uns ständig überprüfen müssen, ein individuelles Selbst zu sein, panisch unserer Individualität gewiss sein wollen und uns dahingehend von anderen, die nicht wir sind, abgrenzen müssen.

Gleichermaßen fordern wir Empathie für unsere subjektivsten Regungen und Empfindungen und ärgern uns, dass wir uns nicht gegenseitig in den Kopf schauen lassen können, um eben nachvollziehbarer bis überzeugend und vor allem relevant für das/den Gegenüber und das Kollektiv zu sein. Und was bleibt?

Die unbefriedigende Sprache, die Diktat zugleich ist und bleiben wird – völlig egal, ob nonverbal, gesprochen oder geschrieben, abstrahiert und runtergebrochen auf Signifikat und Signifikant – wir Menschlein können uns stets nur durch Beschreibung annähern, doch nie erreichen. Uns bleibt nur die Beschreibung, mehr nicht; ganz gleich, welcher Sprache/Kommunikationsform wir uns bedienen.

Wer oder *was* geht darüber hinaus?

DAS IST EIN KOPF

Das ist ein Kopf,
also so ganz generell betrachtet.
Du weißt, wie so ein Kopf von außen aussieht, ich, wir alle;
in seiner Einfältigkeit unserer einfältigen Betrachtung.
Und innen drin das Feuerwerk
der Katastrophisierung
oder umgekehrt.

Jahrelang unterlag ich dem aparten Gedanken -

vielmehr ein schnelles Wort -

    ich könnte mich ja immerhin noch trepanieren lassen,

um all den Druck loszulassen.

Aber vielmehr sollten sich der Apparat,

der Kopfeskopf,

unsere gesellschaftlichen Formen und

verkrusteten Konventionen,

          d u r c h l ö c h e r n lassen.

    Beim Lesen im Eis: Jetzt bin ich in der Sahara
und neben mir die Düsterkeit des Mittelalters:
    eine Limone, ein Pfeil.

BEIWOHNUNG

In einer sommerlichen Freitagnacht
hallte ein Schrei die Straße hinauf:
die Unentschiedenheit
einer angehenden Muttermaus.
Ausgegangen,
indem ein Ford Fiesta Baujahr '93 über sie bretterte
und ihr haariges Pläutzchen platzen ließ.
Das, was so aussah wie Baked Beans in Soße,
köchelt noch heute in meiner Birne rum:
Ihre kleinen Föten samt Minipfoten
und Winzaugen, die noch nicht zu sehen waren,
müssen beim Zermatschen
über den Asphalt gesprudelt sein
und präsentierten sich
wie dahingewürfelt,
noch ehe ich sie zählen konnte.

```
Wer oder was entscheidet eigentlich,
ab wann und inwieweit etwas „dramatisch" ist?

Ist das gleichgültig,
        solange wir noch annehmen können,
dass es für Dramatisches,
in welcher Szenerie auch immer,
stets wenigstens immer auch eines Fünkchens Liebe
zwischen den Beteiligten oder deren Angehörigen bedarf?
```

GEDANKENSKIZZE DIVERSITÄT

Der Mensch empfindet Diversität und die mit ihr gekoppelte
Macht der Auswahl aus seinen selbst erstellten Erzeugnissen
(materialistisch wie idealistisch, ersteres allenthalbener) gene-
rell als eines seiner höchsten Güter – als Bestätigung seiner effi-
zienten Weiterentwicklung, als Indiz der „Krone der Schöp-
fung" – möchte sich dieser stets vergewissert wissen, da er sie
sich über Jahrtausende hart „erarbeitet" hat.

Wenn ihm diese Diversität so heilig ist, warum lebt der
Mensch dann in einer verkümmerten Eindimensionalität?
Warum lässt er sich bspw. mit technokratischen Errungen-
schaften so billig abspeisen, mit einer (Luxus)Güter-Schwemme
befriedigen? Es verwundert nicht, dass dem Kapitalismus als
Götzen wohl kaum Einhalt geboten werden kann bzw. wird,
solange er die oberflächlichen materialistischen Werte und

Wünsche im Großteil der Menschen im Sinne von Diversität zum einen erweckt und zum anderen erfüllen kann. Der Mensch nimmt eine Versklavung inmitten eines Systems in Kauf, solange ihm dadurch Zugriff auf eine pervers große Menge an Auswahlmöglichkeiten gewährleistet ist, die Status und Komfort suggeriert und wodurch er sich über den gebräuchlichen Lebensstandard-Begriff hinaus als ein (vorgegaukeltes) *schöpfendes* Individuum erfährt – sei sein Dasein noch so stellvertretend, schablonenhaft, letztendlich seelenlos.

```
                        Kann dieser Eindimensionalität
und subtilen Repression, wenn überhaupt,
ggf. durch eine Sensibilisierung für spirituelle Aus-
dehnungen entgegengewirkt werden?
        Indem dem Menschen bewusst wird, dass viele
Wurzeln des Problems tiefer liegen? Warum geben sich
die meisten Menschen allein mit einem Bewusstsein,
einer Ebene der Metareflexion, einer Ansicht von Rea-
lität (also einer konformistischen) zufrieden,
        wenn ihnen die Vielfalt an Auswahlmöglichkei-
ten so wichtig ist?

        - Verklärung und Romantisierung überprüfen.

Von wem?
```

Weil sie im Zuge des Auslotens eben jener divergenten Realitäten und Bewusstseinsstadien in einem Dilemma verharren – indem sie sich zwischen der Angst (oder der jeweiligen deformierten Definition von „Freiheit") entscheiden müssen, a) einerseits zu weit abzudriften vom Apparat, dem sie trotz etwaiger Aversionen angehören, wohl wissend, dessen Mitgestalter*innen zu sein, weil dies ein Ausstoßreflex der sozialen Gefüge, Existenznöte u. a. die Konsequenz bedeuten könnte; oder b) kein tatsächlich individuelles Dasein frönen zu können.

```
Sei ein Rädchen im Getriebe des Apparats
      wie jedes andere
      und profitiere von der suggerierten Sicherheit
jenes Systems,
indem du dein Maß an Individualismus
herunter korrigierst oder betone bzw.
lebe deinen Individualismus aus und laufe Gefahr,
aus jener suggerierten Sicherheit
      ausgespuckt zu werden.
```

Die Gleichschaltung basiert bereits auf der Minimierung der Auswahl an Weltbildern.

Das Überraschendste daran ist, dass dieser Umstand dem Menschen als gesellschaftliches Wesen durchaus bewusst ist, im Zuge der Umsetzung des *Programms Betäubung* wird jener Splitter mittels der Garantie um Kaufkraft und Wahlmöglichkeiten jedoch wohlwollend verschluckt. *Das* ist krank. Werden jedoch die o. g. Bestrebungen einer spirituellen Erweiterung bzw. deren Kommunikation als problematisch, zu anstrengend, zu wenig integrierbar bis gefährlich, weil den materialistischen Kumulationsreflex hintertreibend empfunden – und eben über alle Maßen hinaus *zu* individuell – können sie wiederum als „krank" bewertet und damit ganz im Sinne der breiten Masse ausgesondert werden.

Dabei ist z. B. der Verlass der Konformist*innen und Erfüllungsgehilf*innen auf institutionalisierte Sicherheiten weitaus labiler als derer der titulierten Kranken, indem sie die mittlerweile einzige universal kommunizierbare und global durchgesetzte Sprache – nämlich die des Geldes – als ein Esperanto des Indikators für Wirklichkeit ausweisen, tatsächlich jedoch das Potenzial zwischenmenschlicher Kommunikation ausdünnen.

J. C. Lilly hat das durchaus fasslich pointiert.
                              Wozu Wahrheiten
in der Fülle von Bewusstseinsstadien erforschen,
wenn ich doch Urteile über Realität den
Szientist*innen, Ärzt*innen, Psychiater*innen,
Anwält*innen, Politiker*innen, Gesetzgeber*innen,
usw. in unserer eindimensionalen Welt überlassen
kann?

Dies scheint der vorherrschende Tenor zu sein – sollen die sich doch darum kümmern – den Gedanken, ob und inwieweit ich mich dadurch abhängig mache und auf den Sektor einer gefährlichen Autoritätshörigkeit begebe, habe ich längst heruntergespült.

Warum wird die Auswahl an konkreten Lebensentwürfen immer weiter eingeschränkt? Weil es letztendlich darum geht, sinnvoll/effizient sein zu müssen, um sich in einer Zeitspanne, die nur von kurzer Dauer ist und *ein* Leben genannt wird, verwirklicht fühlen zu können. Unsere Auffassung von Welt-Apparat stützt sich auf eine trügerische, evolutorische Sicherheit, die Fortbestand hat, solange wir dafür haften, dass Lebensentwürfe überhaupt nötig sind – welch pervertierte und verkümmerte Auffassung von Existenz.

ASSOZIATIONSVERMERKE, meist in Zügen

Wie steht es mit der o. g. Glorifizierung der
Diversität entgegen der Xenophobie – Kann der Genuss
von Vielfalt, reflexiv angelegt, nicht auch
Fremdenangst und -feindlichkeit entgegenwirken?

          Kann nicht z. B. eine frühe Erweiterung des
     Kunstbegriffes allein ein Facettenreichtum eröffnen,
          welches sich auf mehrere Lebensbereiche ausweiten
                                                    lässt?

Fängt Xenophobie vielleicht schon auf einer viel
banaleren Ebene an, indem bspw. die Diversität an
möglichen Speisen, deren Zubereitungsvarianten etc.
in familiären Gefügen verwehrt und deren Verzicht
tradiert wird
        (eine „Was-der-Bauer-nicht-kennt,-frisst-er-
nicht-Problematik" zeigt sich also schon in der
simplen Tatsache, gewisse Sachen – bspw.
Kochexperimente, ungewohnte Zutaten – partout nicht
probieren zu wollen)?   Ist alles
viel platter, aber so offensichtlich, dass es wehtut?

        Welche Folgen hat die Unterdrückung ausgelebter
Diversität im triebgesteuerten Bereich; Welcher an
                Konventionen gebundene Fluch lastet auf der
                        Promiskuität – stellt sie nicht auch eine
        konsequente, praktizierte Form der Diversität dar?

Ist der D-Begriff gar nicht so essenziell,
stellt er ggf. vielmehr eine Belastung
        des Individuums dar, sich zwischen all den
Möglichkeiten (auf welcher Ebene auch immer)
entscheiden zu *müssen?*

Wie kann es sein, dass dem Menschen hinsichtlich
seiner „Tendenz zum Bösen" die Diversität in den
Schoß gelegt zu sein scheint?
        Bspw. ist Gesprächspartner*innen und mir in
Diskussionen aufgefallen, wie uns auf Knopfdruck
spontan etliche grausame Foltermethoden einfielen,
während die Konkretion einer Gegenüberstellung, ein
„Pendant des Guten", mehr als vage erschien...Oder
haben wir dabei zu linear sexuelle Praktiken
gegenübergestellt?

Wie auch immer und nochmal, verdammt:

Wir müssen einen Paradigmenwechsel unserer Auffassung und
Applikation von Diversität vollziehen!

TOD IM AUGE

Eben noch surrend, nun schwarze Schmiere,
nun Glibbermatsch inmitten meines Fluchens,
mein Zeigefinger ein X hoch zehn
eines einstigen Körpergewichts und Agonie
=
Kadavermus: Jetzt hab ich dich,
lass mich Fahrrad fahren,
verpiss dich!

ANATOLIJ-NEWS II

Anatolij hat mir erzählt,
Wie beim Gassigehen Gummis und Taschentücher
eine Schnitzeljagd suggerierten,
die letztendlich in den schnaubend fetten Leibern
ergrauter Mittsechziger versackte.
Pornodreh nahe Silbersee.
Was ist eine Kuriosität,
was eine Sensation?

```
Blüten halten ein Blühen
 fest
e
Blut versteckt
```

```
sich
```

Pick die Rosinen aus der Scheiße,
solange sie noch schmackhaft sind.

PRODUKTE DER MENSCHHEIT

Mensch, du kannst...

...aus einem halben Meter Entfernung den kompletten Globus von oben betrachten.

...Shrimps in einem Getränk, Klassifizierung „Cocktail", trinken.

...Robben kloppen.

...deine Asche in einen Ozean streuen lassen.

...Erdnüsse oder getragene Slips aus dem Automaten erwerben.

...ein Ungeborenes als 3D-Ausblick auf einem Bildschirm be-
staunen oder als Hologramm.

...online deine Tarotkarten legen lassen und an (d)ein Schicksal
glauben.

...unsichtbare Grenzzäune nicht sehen, aber in ihrer Nähe
totgeschossen werden.

...dich über Ströme an Geflüchteten aufregen und gleichzeitig
Waffenexporte in vom Westen deklarierte Krisengebiete
ankurbeln.

..auf Mauritius Urlaub machen und die einheimischen
Bewohner ganz legitim von ihren Stränden verdrängen.

...Kinder betatschen bis missbrauchen, ohne in den Knast zu
wandern oder alternativ katholischer Priester werden.

...zwischen sieben Kaffeesorten wählen, während die
Kaffeepflücker*innen nichts zu essen haben.

...dich über den Schuppenbefall deines Gegenübers lustig
machen, ohne zu wissen, wie es auf deinem Haupte und den
Schultern aussieht.

...dich etliche Stunden vor dem Spiegel zurechtmachen, um
auszusehen wie alle anderen.

...mehr Fortschrittsgelder in die Rüstung als in Heilmittel investieren, um dich gesund – oder besser – noch gesünder als andere zu wissen.

...Waffen anstatt einer Homo-Ehe segnen lassen.

...„christlich aussehen" und damit vor Krieg in ein anderes Land fliehen dürfen oder „muslimisch aussehen" und im Bombenhagel ausharren müssen.

...Sirenen und Raketeneinschläge im Telefongespräch mit deinen Verwandten vernehmen und sie für Spinner*innen halten.

...vier Konzentrationslager überleben, um dann im Zuge einer „Entnazifizierung" totgebombt zu werden.

...angesichts hoher Spritpreise die armen Reichen mit ihren Häusern und Villen bedauern und zeitgleich Mietpreise und ÖPNV-Beiträge erhöhen.

...als Jüdin/Jude in nationalistisch-rechtsextremistischen Parteien fungieren und gemeinsam an der „erinnerungspolitischen Wende um 180 Grad" arbeiten.

...für das Hochhalten eines weißen Blattes inhaftiert werden, weil du damit als antirussische(r) Volksverhetzer*in giltst.

...an einem internationalen Flughafen den Sicherheitschef persönlich kennenlernen, weil du dich nicht gemäß deiner Gehaltsklasse kleidest.

...jahrelang in eine „Lebensversicherung" einzahlen und dann kurz vor deren Auszahlung den Löffel abgeben, weil du dich ebenso jahrelang für dieses Ziel vor Augen verausgabt hast.

...Kinder machen/eine Familie gründen, um dann Geld dafür zu verdienen und schließlich zu bezahlen, dass du sie den halben Tag über weggeben kannst, um jenem Job nachzugehen.

...diese Liste fortsetzen und dabei das einzige Lebewesen sein, das für seine Existenz auf diesem Planeten zahlen muss.

....

....

....

....

WIEDER SO WEIT

Hendrik. Hendrik?
Wo bist Ich, wo bin Du?
Warum alles so verkehrt-verkerkert in
deiner Brust, die Hirn bedeutet,
deiner Biografie und Jetzigkeit,
in diesem Tunnel aus verklebten Rippen –
sie wollen das nicht, nicht ihn,
den Druck, den Dämon, den Schwindel,
sie halten nur,
was nicht zu halten ist –
Hendrik, der auf Hendrik schaut
und horcht und tastet
und wacht.

halten zu sehr an unseren Automatismen um Belohnung und
Strafe fest

KONKRET

Gejammer und Gejauchze
Trubel und Speck
Alles Wiederholung
Brot und Spiele
von ganz oben
der Samsara-Bluff

Wie können wir über das Behaupten hinausgehen, dass Tiere
keine Religionen, Kulturen, Götzen, Kunst und derlei
„komplexe" Konstrukte bis Systeme haben, die wir
blasiert-bornierten Affen mit unseren
Kommunikationsmitteln gar nicht aufnehmen können?

Wie viel Authentizität muss im Zuge des Heranwachsens

geopfert werden,

um die Magie der Kindheit bewahren zu können?

Hätte Thoreau tatsächlich mit größtem Vergnügen einen
Mexikaner aufgespießt?

Sind WIR die auf „unserem" Planeten eingesperrten

Wesen

wie Herdenvieh,

nutzbar und genutzt von wem oder was auch immer,

und gar nicht die Krone der Schöpfung?

Ich wünschte,
George W. Bushs Schlafzimmer würde mit Fotografien
der Phosphorbomben-Opfer aus Falludscha
tapeziert,
der kleinen hilflosen Wesen
starrer Augen im Blick,
stets im Blick und zugekleistert bis an die Decke,
ihre geschundenen Körper, noch bevor sie geboren waren
und sind,
an Schläuchen, Kabeln, verdrahtet –
bleiben sie stets ein unausweichlicher Vergleich,
in Röchel-Ahnung u. v. m.
u. v. m.
u. v. m.

Wie viele von ihnen hat er *gesehen*
Wie viele von ihnen wird er träumen
bei Tag,
bei Nacht?

Und gleichzeitig kann und
darf und
sollte es nicht mein Wunsch gewesen sein.

Wo warst du am 12.9.2001,
nicht 9/11,
hast du auch wie ich eine Schweigeminute in der Schule
verbracht -

in stiller Andacht,

an Menschen, die sich nie einander begegneten und begegnen werden,
währenddessen bereits eifrig Pläne geschmiedet wurden
mit reibenden Händen,
die irgendwann Knöpfe drücken,
die Menschen, die sich nie einander begegneten und begegnen werden,
Befehle erteilen, Knöpfe zu drücken?

und dann irgendwann
PENG!
PUFF!
PAFF!
BOOOOOOOOOOOM!!!!!!!!!!!!! voll in die Fresse

(wenn davon noch was übrig bleibt)
...

Zur Not sind dann da ja noch die o. g. Ausgeburten,
recherchierbar im Netz,
zweidimensionales Grauen auf der Scheibe,
stets aufrufbar und wieder wegzuklicken,

aufrufbar und wieder weg,
klick klack, klick klack
tick tack
tick tack
Schaut(e) er zu? Sieht er hin? Was mache ich?
Was machst du?

Hatte eben vor, etwas Fiktives beizusteuern,

aber heute ist Krienstag –

und dieser Wochentag liegt mir schwer auf den Rippen –

er klingt nach verbranntem Gummi,

obwohl er danach riechen sollte.

AUSZUG EINES FORMULIERUNGSVERSUCHS DES ZUSAMMENHANGS
--- SCHULE, DIVERSITÄT, VERROHUNG --- AUS EINEM
UNTERRICHTSGESPRÄCHSAUSTAUSCH HERVORGEGANGEN ---
LABYRINTHISIERT LETZTENDLICH

[...] Wollen wir der Verrohung grundsätzlich und ihrem gegenwärtigen Erstarken effektiv entgegenwirken, müssen wir u. a. auch die inflationäre Konnotation der Vokabel „Multioptionsgesellschaft" unter die Lupe nehmen, sie entweder entlarven oder jenen Begriff zumindest modifizieren gedenken, ein Bewusstsein dafür schaffen, dass Diversität, ihr Potenzial, etwas anderes ist. Insbesondere in institutioneller Hinsicht liegen Herd und Schoß, Verhängnis und Ideal, Initialzündungen in beide Richtungen nah beieinander auf einem Flur, in einer Anstalt, die da *Schule* heißt.

Denn worauf zielen jene Versprechungen und Erwartungen, Abschlüsse und Urkunden, Zertifikate sowie über die Jahre gesammelten und ordentlich abgeheftet-dokumentierten und für Jahre archivierten Profilierungen, Bescheinigungen an Kompetenzen, Leistungsbereitschaft und deren konkret fixierten Quantifizierungen letztendlich ab? Auf eine Verwertbarkeit im Apparat des ökonomischen Sektors. *Ein* schiefer Integrationsgedanke. Die Marschrichtung ist vorgegeben – aus der Divergenz zum Konvergenten. Natürlich stehen mittlerweile viele Chancen und Entfaltungsangebote für eine große Anzahl an jungen Menschen bereit, und diese stehen euch ggf. weniger eingeschränkt zu, wenn ihr das Abitur in der Tasche, einen Wahnsinns-Komplex an punktuell auswendig Gelerntem, eine zweifelhafte Allgemeinbildung, „verinnerlicht" habt.

Nur degradiert sich diese suggerierte Freiheit, die Wahl an unzähligen Möglichkeiten, um das, „was man später mal machen will" zu erreichen, zur Chimäre, wenn sie letztendlich zu *einem* Endziel führen soll, nämlich die Optimierung der Zweckmäßigkeit eurer Person zum Ziel hat; wofür man adäquat gemacht und geschliffen werden muss: Aufrechterhaltung und Pflege des Systems. Wofür es wiederum klare Profile benötigt, um eure Effizienz zu sichern.

Auf zweifache Weise werdet ihr und werden wir somit verschaukelt: Mit der sogenannten Multioption geht eine gleich mehrschichtige Verkümmerung des Individuums (konsequent weitergeführt ebenso des menschlichen Miteinanders) zugunsten eines Konformismus einher; Multioption=Multiorganversagen. Nicht wenigen von euch stand und steht die Panik ins Gesicht geschrieben: Der Leistungsdruck furcht euch die Falten in die Haut, noch ehe ihr euch außerhalb der Pubertät definiert, viele von euch haben das Gefühl, persönliche Interessen in Ein-

klang mit Versprechungen um Erfolg im „späteren Leben", welches ihr mit dem beruflichen Dasein assoziiert, in Einklang bringen zu *müssen* – doch definiert mir und euch mal möglichst überzeugend den Begriff „Erfolg"... abseits eurer aufblitzenden Geniestreiche, „Spinnereien", vorlauten Forderungen, abstrusen Idealen, schlichtweg unbekümmert herzerfrischend authentischen und nicht indoktrinierten Art –
diese gilt es zu wahren – also lasst euch nicht sabotieren und gegen Wohlstandsversprechungen eintauschen. Der Mensch bedeutet mehr als die Ressource seines eigenen oder des daraus zur Verfügung gestellten Kapitals.

Die Akzentuierung eines Fächerkanons, der darauf abzielt, eine „vernünftige Grundlage" zu schaffen, sich in der Berufswelt besser orientieren und sich optimalerweise einen hohen Lebensstandard erwirtschaften zu können, verdrängt gleichermaßen (und hoffentlich nicht proportional abnehmend – bereits Aufgabenformate wie das relativ neu eingeführte *Materialgestützte Schreiben* belegen jene Tendenz) das Feld der individuellen Fantasie – wozu auch, lässt sich doch auf ihrer isolierten Basis schlecht Kohle scheffeln, weil sie keinen Erfolg zu garantieren imstande, eben nicht sachdienlich ist.
Mal abgesehen davon, dass noch weitaus tiefer gehende Heilserwartungen mit dem Streben nach wirtschaftlichem Erfolg gekoppelt sind (z. B. vom Ablenkungsmanöver des memento mori bis hin zur un[ter]bewussten Verarbeitung des eigenen Geburtstraumas, nehme ich an) werden euch Identitäten vorgegaukelt, die ihr mittels eurer Kaufkraft und anschwellendem Materialismus zu wahren versucht seid. Dadurch ebenfalls Druck: Es geht ums Mithalten können, um die Vergleichbarkeit und deren Übertrumpfung, folglich Konkurrenzkonsequenz.

Wie können wir diese gefährliche Expansion nur freiwillig zulassen, ihr zustreben – etwa dem Ausbau der Komfortzone halber? Verwechseln wir einen hohen Lebensstandard lieber nicht mit Glück.

Die eben aufgeführten Zusammenhänge im Sinne einer Kapitalismus- sowie Technokratie-Kritik wurden etliche Male deziert erörtert, mir scheint jedoch, dass das o. g. Potenzial der Institution Schule hinsichtlich der Stärkung und Entfaltung des Individuums und zugleich der Stärkung des multikulturellen Miteinanders generell präziser in den Fokus der *gemeinsamen* Arbeit von Schüler*innen, Lehrer*innen, Schulbegleiter*innen, Sozialarbeiter*innen und Eltern gerückt werden muss. Nicht zuletzt deshalb, um im Dialog auf gesellschaftliche Missstände effektiver reagieren zu können.

Dass wir uns nicht falsch verstehen: Zur Schule zu gehen, gehen zu können, ist ein Privileg, an sich ein Segen. Zudem: Seid euch eurer wohlbehüteten Herkunft bewusst...Aber das sagt sich so leicht; zumindest für jemanden wie mich, der dreizehn Jahre ohne große Probleme *durchgereicht* worden ist, nur vergleichsweise wenigen Repressalien und Ressentiments ausgesetzt gewesen ist, nicht gemobbt worden ist, nicht erpresst, keiner körperlichen oder verbalen Gewalt anheimgefallen und nur selten mit Bauchschmerzen aufgrund entflammender Schulangst, konkreter Angst vor Lehrerpersönlichkeiten und ihren Methoden zur Schule gegangen ist – all dies gibt es an jeder Schulform und -Art, ohne Frage mit unterschiedlichem Leidensdruck und Auswirkungen.

Aber als Bildungs- und Sozialisierungsinstanz ist Schule zunächst und auch zentral betrachtet eine nicht wegzudenkende Begegnungsstätte – insofern sie von Repressionen jeglicher Art, Druck und einem schief applizierten Diversitätsbegriff befreit und freie Entfaltung auf sämtlichen Ebenen gefördert und gefordert wird. Es ist nicht so, dass humanistische Zusammenhänge grundsätzlich im Konstrukt Schule ausgeblendet oder nicht gepflegt und deren Etablierung bzw. ihre Aktualität gemeinsam reflektiert und diskutiert werden. Ebenso muss jedoch auch in unserer schulischen Gemeinschaft die Reflexion der Anbindung an einen traditionellen, konventionellen Kanon kritischer vollzogen, darf eine oben geschilderte einhergehende Verarmung, ich wiederhole, nicht in Kauf genommen werden.

Verkrustete Denkweisen sprengen. Grundsätzlich.

Ein Beispiel (selbstredend kann das nicht im gleichen Maße für jedes Fach unseres tradierten Kanons anvisiert werden – was durchaus auch eine isolierte Aussagekraft besitzt):
In den letzten Jahren hat sich eine freie Ausgestaltung und gemeinsame Diskussionskultur im Zuge eines Kursthemas wie *Aktionskunst: von Fluxus bis Environment* gezeigt, wie wichtig es ist, Freiraum zuzulassen, anstatt mittels vorgegebener Unterrichtsinhalte und -Ziele „Wissen" zu vermitteln, nahezu erzwingen zu wollen. Freiraum – sei es für spontane Einfälle und freie Assoziationen, Spielereien, atmosphärische (Gruppen)Experimente, individuelle Formen der Introspektion, spirituelle Ansätze, die sich jeglicher Überprüfbarkeit und voreingenommenen Nützlichkeitsverwertungen entziehen. Sprich, eine Entkoppelung vom stets allseits Bekannten zu wagen (oder noch schlimmer: von der Lehrerpersönlichkeit, die überzeugt ist, ihre Auffassung von Kunst sei das Maß aller Dinge), sich auf unbekanntes Terrain begeben und begegnen, letztendlich: die oder das Fremde als Geschenk der Erweiterung für alle zu begreifen.

Dies gilt sowohl für die Schülerinnen und Schüler als auch für die Lehrerinnen und Lehrer – umso mehr, wenn sie bereit sind, sich von ihrem hohen Ross zu begeben. Und dafür müssen neue Ideen her, Experimente gewagt, die sich noch stärker dem Bewertungszwang verwehren und individuelle Substanz statt Gleichschaltung zutage fördern, angebahnt und auf dieser Grundlage der Fächerkanon erweitert werden.

Hier ein Auszug eurer Vorschläge, alternative Fächer, konkret benannt:

Identität, Kultur und Prägung

Multimediale Kompetenz und kritische Reflexion

freies kreatives Schaffen/Kreativität und Produktivität wecken

umweltbewusstes Leben/Konsum-Diskussion

Wissenschaftstheorie und kritische -Prüfung

Wirtschaftszusammenhänge hinter der Fassade

allgemeine Religionslehre und Toleranz

Anti-Auschwitz

Eigenständigkeits-Aktivierung

exotische Sportarten

Mechanik und Werken

Sport und Körperbewusstsein

gesunder Wettkampf und Identifikationspotenziale

Survivaltraining und -Kompetenz (z. B. Was ist, wenn ich einmal flüchten muss?)

flächendeckend Psychologie und Pädagogik: Ängste, Blockaden und Barrieren überwinden

Stoffwechsellehre und innere Ressourcenpflege

allgemeine Humanismus-Lehre

sich Luft machen und -verschaffen

Seelenpflege

Liebe und Erotik

Meditation

Introspektion und Selbstachtung/Selbstkonzept und Applikation

Empathie, Courage und Solidarität in Theorie und Praxis

Multikulturelles Miteinander

Spektrumserweiterung

Notfallmedizin/Erste Hilfe

....

....

....

....

....

EINSTIGKEIT EINER FLOCKE AUS SCHNEE

Einstigkeit einer Flocke aus Schnee,
der das Material ihrer Existenz und Körperlichkeit
nie ins Bewusstsein getreten ist:
wohl aber ihre Verantwortung,
mit der sie schablonenhafte Sinne beschwört,
Bilder malt und
auch die Untaumelnden
spöttisch fein zu trügen weiß.

```
                Warum sollte ein allmächtiger Gott
    soviel Bestätigung nötig haben (inkl. heftigster Gewalt-
            und Qualenandrohung),
                wie in den heiligen Schriften eingefordert,
                    wenn ER doch eigentlich allmächtig ist?
```

COVID_BILANZ; PRIVAT

Meine Pisse riecht nach Hühnersuppe,
Achselschweiß nach CO_2,
die Pumpe stolpert um sich selbst,
in Blackoutphasen: _____
Mit 'nem 43er neben dem Bett
oder Benzos zum Pennen,
im Endeffekt:
F 33. G + F 41.1 G

KONDITIONSWUNDER

Wie 'ne Scheißhausfliege kommst du angesurrt
in der schimmernden Rüstung von Hafen zu Hafen
zwischen Stolz und Häme changierend
in Penetranz und Beharrlichkeit.

Wer von uns ist denn hier das Konditionswunder?

Die Wirklichkeit lässt sich ganz klar demontieren.

Du kannst dich (nicht zuletzt im Zuge einer generalisier-
ten Angststörung und einhergehender
Depersonalisierung/Derealisierung) so stark in Zweifel
jener begeben, dass sie in der Tat von der objektiv wahr-
nehmbaren Bildfläche verschwindet und von DEINER Hirnche-
mie privatisiert und verätzt wird.

Inwiefern kann Individualität heutzutage überhaupt noch
aufrecht erhalten werden?
 Kann ich mich als gesellschaftliches Wesen empfinden,
ohne gleichzeitig einer konformistischen Repression aus-
 geliefert zu sein, d. h. muss ich mich anpassen, um im
Sinne einer sozialen Teilhabe mitwirken zu können?

Welchen Preis für meine ausgelebte Individualität bin ich
 persönlich bereit im Alltagsleben zu zahlen. Und wie
 pervers ist dieser Gedanke eigentlich?
Wird die Ursprünglichkeit an Individualität mit der fort-
laufenden, rasanten Entwicklung an Rezeptionsmöglichkei-
 ten aller Art auf sämtlichen Ebenen nur „verwischt"?

WELTENHALL

In dir der Waldbrand *des* Kollektivs -
räuspernd mahnendes Klagen
ausgestanztes Unbehagen
die Weltenscheibe schief

Die Knebel des Außen erwürgen
Gespenstertum und Trance-Verfall
transzendenter Weltenhall
im Kerne eines Bürgen:

Ein Brandungsfels für Wirk-lich-keit
verstaubtes Bild und Utopie
Realitäten-Zweifler-Garantie
zu Grabe fauler Erdigkeit

ABREDE

Haben uns nie getroffen.
Werden es auch nicht.
Brauchen wir auch nicht.
Weil wir uns bis ins Detail kennen,
ehe wir voneinander auch nur gehört haben.
Enträtselt sind wir schon lange.

Wer kann sich schon noch an den expliziten Moment
erinnern, als man das erste Mal von außen mit der
Möglichkeit der Annahme eines Gotteswesens/Schöpfers
konfrontiert wurde und wie/mit wem überhaupt kam es zu
dieser Situation, zum Gespräch im Sinne einer
intendierten religiösen Aufklärung, zu einer
„Offenbarung", vielleicht auch über unterschiedlichste
Medien, per Zufall?

Was hat man dabei währenddessen empfunden, was hat sich
von da an verändert, wie wirkte sich diese bloße
„Eingebung" im Vergleich zum „Vorher" letztendlich aus,
wie sehr war man ad hoc fasziniert, verängstigt,
gleichgültig eingestellt?

In Suriname verrotten die Bierdosen am Straßenrand doch
nicht.

Auf dem klebrig-brütenden Teer hingegen
wütet ein Gericht aus Gürteltier und Schlangenbrei.
Daneben ein Autoreifen, noch nicht angezündet,
ebenso japsend –
er schreit nach Tagung mit den verfaulten Hunden.

Deren ausgepickte Augen verenden
bereits zum zweiten Mal binnen weniger Stunden
und garnieren als Vogelschiss von oben weniger zweifelhaft
als die ungekühlten und abgelaufenen Dressings
aus dem *Yike Long Supermarket.*
Dessen staubige Milchbrötchen auch mit Grünspan noch
über die Theke gehen,
eventuell aber auch nur als Schwamm Verwendung finden,
wenn es darum geht, die unter weißen Fliesen einzementierten
Biografien der Verstorbenen reinzuwaschen und aufzupolieren.

Überhaupt die Versorgung –
über Chicken&Rice müssen wir in Lateinamerika kein Wort
verlieren, wohl aber über den 90%igen Rum,
genossen bei 40 Grad im Schatten,
der als Billett um Audienz beim ein oder anderen Chief
des ein oder anderen Dorfes eine Rolle spielt
oder den Hepatitis-Augen,
geduldig auf der Bank wartend vor Shop X, Abhilfe verschafft,
vielmehr verschaffen tut.

Neben der Pulle ein Radio:

Der Wettlauf der Rodung und Bodenvergiftung wird zwischen
Aluminium-Baronen von außen oder heimischen Goldgräbern
ausgefochten – der Ausgang bleibt fraglich.

In Stein gemeißelt hingegen der Umstand, dass sich neben dem
Stolz eines Kapokbaums ein noch stolzerer Funkmast gesellt,
damit du mit Sicherheit überall Handyempfang hast;
nicht schlecht
für eine der unerschlossensten Regionen der Erde,
tippst du ein oder startest den Videocall,
während Celine Dion im Privattaxi *I'm your Angel* schmettert
(alle – auch nicht angetrunkenen – Anwesenden singen mit
und Palmen und Farne degradieren: Inkompatibilität).

Der Flora-und-Fauna-Stolz
ist dann aber doch eher für Westler reserviert:
zumindest die Erhabenheit der Riesenschildkröten um Galibi;
ihre bleierne Langsamkeit des aus dem Wasser aufsteigenden
archaischen Pfades,
von ebenso gewichtigen Götterwesen vorgezeichnet,
ein Autopilot, der um keinen Millimeter jemals betrogen
worden ist und Garantie bedeutet,
darf nur mit „*Sssscht! Rotlicht!*" gestört werden,
das ist dann durchaus legitim –
ihre Eier werden höchstwahrscheinlich eh vorm Schlüpfen von
Jaguaren gefressen,
deren Felle machen sich gut –

schlagen um Längen den Kolonialstil der Hauptstadt.

Denn *Only in Paramaribo!* fährst du mit 30km/h im Schatten
80 km für 80 Cent irrwendig zwischen Stadt, Land, Fluss –
zwei, drei Leben lang.
Das Schaukeln der Busse und Boote zerrt dann noch an deinen
Eingeweiden, derweil die eingebildeten Wellen die
Hängematten in der Dämmerung anschubsen.

Parallel dazu Verwunderung über gestörte Ortungssysteme der
Vampire, die unkontrolliert gegen einen Kopf fliegen.
Und noch im Dunkeln morgens um 6 das viel zu nah
eingeschätze Fauchen etlicher Düsenjets, bis du entträumst,
die Brüllaffen kommen näher,
was Sensation bedeutet.

Ganz klar: Ich muss da wieder hin.

ANATOLIJ-NEWS III

Anatolij hat mir erzählt,
wie sein Arbeitsrhythmus jeden Tag aufs Neue
von einer hochbetagten zu pflegenden Dame
mittels emotionaler Erpressung
bestimmt und gesichert ist –
Qual der Wahl:
Suizid oder Kaffeeklatsch

Mal angenommen,

Gott/eine deistische Schöpferkraft, auktorial,

sieht gerade zu, kann jede x-beliebige Philosophie-
Vorlesung live mitverfolgen inkl. Diskurs und Ausblick –

welchen Wert würde sie diesen 90min zusprechen?

SPIRITUALITÄT?
ist ein Ausloten von Transzendierungsmöglichkeiten. Tran-
szendierungsmöglichkeiten des (konventionalisierten und insti-
tutionalisierten) Ichs – zum Selbst hin, zur Tiefe der Seele.
Und die Frage, wie diese mit einem transzendenten Wesen/ei-
ner Gottheit, einer kosmischen All-Identität, unserer „objekti-
ven" Welt, einer Gesellschaft, einem kollektiven Bewusstsein,
Traditionen vs. Umwälzungen, Geist und Tat resoniert. Oder
eben nicht.

Zwiegespräch zwischen Ego und Selbst; Introspektion im Sub-
jekt-Tunnel, Introspektion im Dialog mit Transzendenz →
letztendlich das Ego ad acta legen.

Und ob es überhaupt eine Seele gibt? Dafür werde ich mich als
Agnostiker nicht zu weit aus dem Fenster lehnen.

Wohl aber soweit, dass Religionen aus dieser meiner Perspektive eine Erfindung von Menschen gemacht sind – höchst problematisch und gefährlich.

Weshalb ich unter Spiritualität eher eine individuelle Tour, von mir aus auch Suche, als ein Aufgehen in einer Glaubensgemeinschaft verstehen möchte – und weshalb sie eben nicht reflexartig mit Glauben oder Religion in Zusammenhang gebracht oder dahingehend gelenkt werden sollte.

S. ist die Aufhebung der Ablehnung numinoser Dimensionen, die sich unserer Alltagsauffassung von Realität entziehen, aber zweifelsohne dazugehören.

Dennoch geht es trotz der o. g. Betonung des Individuellen auch darum, einen Austausch darüber zu motivieren, inwieweit eine universelle Sprache etabliert werden kann, die das allumfassende Ganze eines kosmischen Zusammenhangs betont, eine Kommunikationsform fernab unserer Rollenverständnisse und Prägungen um Belohnungen und Strafe, Status und Gleichschaltung. Eine Sprache über den Konsens-Konsens hinaus, die vielmehr Devianz und auch das Verständnis für Abweichungen grundsätzlich, Identifikationspotenzial mit meinem fremden Gegenüber fokussiert, einen Austausch darüber, inwieweit unsere Gedanken, Gefühle, Empfindungen, Erfahrungen, allesamt als gespeicherte Informationen eines als Mikrokosmos gedeuteten Individuums im Makrokosmos eingeschrieben sind (wenn wir Stanislav Grofs Formulierung hinzuziehen, die mir eine gelungene Teil-Vereinfachung des Atman-Brahman-Gleichnisses aus dem Hinduismus erscheint).

Zeigen uns psychedelisch-holotrope Zustände „das
Göttliche" in uns oder möchten sie in ihrer Sprache mit
erhobenem Zeigefinger sagen: „Denk gar nicht dran,
Freundchen!"?

****

Anfang 20 hatte ich in der ersten eigenen Wohnung des Nachts
allein im Bett liegend, als ich über Kopfhörer Musik hörte,
eine Epiphanie in dem Sinne, dass ich ganz klar spürte, ALLES
zu wissen. Tatsächlich, ich spürte eine alles umfassende kosmi-
sche Komplexität, die wiederum in einem simplen Gedanken
bis klaren Ausspruch und letztendlich in meinem privaten
Körpersystem mündete. Und das mit einer plötzlich eintreten-
den gewaltigen und ebenso unerklärlichen Form der Euphorie.
Ohne Einfluss irgendwelcher psychotropischer Substanzen ne-
benbei bemerkt. Was ich allerdings währenddessen alles „wuss-
te", hätte ich gar nicht in Worte fassen können; das Gefühl je-
doch war, wenn auch nur von kurzer Dauer, ein solch ekstati-
sches, überwältigendes, und gleichzeitig dennoch so reflexiver
Natur, dass ich über diesen eintretenden Anspruch der Allge-
genwärtigkeit Gottes (die sich für einen Moment in mir verirr-
te?) zu lachen wusste. Nicht zuletzt deshalb, weil ich zu jener
Zeit immer mehr der Theorie des Physikalismus anheimfiel.

KARRIERELEITER

schwülstiges Blut

eingedickt

Schweiß und Tränen

verflüssigt

von unten nach oben

Stufen entlang

Tropfen und Perlen

Andachtsschmuck

Accessoire und

Leistungsdruck

UND NOCH 'N TIEFPUNKT

Ist der Mensch bereits gekippt -
wie ein Kartoffelsalat,
der dich spucken macht?
Oder lässt sich da noch etwas drehn
deichseln, schmieren, arrangieren?
(Auf dem Mars ist es auch ganz scheen.)

Auf schmalem Grat an die Wand gefahrn -
„bis hierhin und nicht weiter!"
Mit dem Griff nach den Sternen
ab ins Mittelalter:
Auf der Höhe der Zeit
trotzt der Herz-Lungen-Apparat
den Giftcocktails:
Errungenschaften unsrer Art.

Hat der Mensch einen Endzweck;

wird es irgendwann einen vervollkommneten Zustand der Zivilisation geben oder fängt der Mensch durch eine selbstforcierte Apokalypse stets von vorne an?

NOTIZ:Zeugen Jehovas am Bahnhof nochmal befragen,
wie die das sehen

Gibt es Teleologie als isolierten Studiengang?

Wie hätte sich unsere Weltauffassung

ohne heilige Schriften dargestellt?

Wie sähen dann interkontinentale

Beziehungen, Selbstverständnisse,

Klischees aus?

Gibt es etwas Arroganteres und Lächerlicheres als den Menschen, der meint, er sei auf der Höhe der Zeit?

Zudem bedeuten wir einen Popel im unendlichen Komposthaufen, der sich Kosmos nennt und bilden uns auch darauf noch etwas ein. Und auch das sind nur Gespinste aus Ahnungen, nicht mit Ahnung zu verwechseln.

Baum der Erkenntnis:

Unser Fluch nach Aufklärung, dem Operator des Fragens nach dem WARUM, macht uns sterblich. Anstatt im Flusse mit der eigenen Existenz zu sein, streben wir nach Transzendierung, Erhöhung.

→ Sünde, da Desavouierung der ausgewiesenen göttlichen Schöpfung?

DIPOL

Vor ein paar Stunden noch, kurz vorm Einschlafen:

Die Grundidee des Menschen –
seine Erschaffung (?),
folglich auch sein Wesen (?), seine Anlage (?) –
kann *keine schlechte* gewesen sein –
wozu sonst die Masturbation?

Jetzt eben, kurz vorm Aufwachen:

Die Grundidee des Menschen –
seine Erschaffung (?),
folglich auch sein Wesen (?), seine Anlage (?) –
kann *keine gute* gewesen sein –
schließlich war es eh und je und ist es stets viel einfacher,
jemanden mannigfaltig zu verletzen, als umgekehrt gutzutun.

Jetzt gleich:

Wie soll ich das meinen Kindern auseinandersetzen?

Für später:

In der Schneise privater Orgasmusaffirmation
nebst kollektiver Zuneigungs-Negation
der unsichtbare Streifen –
            Totschlagssensation.

GENESE: ANGSTMOSAIKE

Im Mai 2009 wurde ich an einem Samstagmorgen mit dem Rettungswagen abgeholt: Ich könnte mir zwischen Herzinfarkt, Lungenembolie oder Perikarditis etwas aussuchen, hieß es salopp. Das erste Mal, dass ich diesen speziellen Humor kennenlernen sollte. Ätsch: Nichts davon war es wohl.

Da habe ich mir und der versammelten Mannschaft, Familie genannt, wohl umsonst einen Schrecken eingejagt, als ich vor allen Vieren theatralisch zusammenbrach. Was war es dann? Wenigstens die Überforderung, kein Bock und keine Kraft fürs Referendariat, Legitimationsdruck, Zukunftssorgen, Schlafmangel bei drei kleinen Kindern, wovon zwei Säuglinge waren, ihnen gegenüber ein schlechtes Gewissen, Familien-Zeitmangel usw. = Erklärungsansätze. Keine Ahnung, mit welcher Diagnose ich da eigentlich entlassen worden bin.

Mindestens aber mit Angst.

Das Haften an Schläuchen, Bildschirmen und Langzeit-EKGs machte tiefen Eindruck, mein entfachter Ekel vorm Herz als Organ hinterließ eine Spur, die sich Jahre später vertiefen sollte.

Zäsur 1.

Falsch.

Sechs Jahre davor, im Jahrhundertsommer 2003, hatte ich im Kinderheim den verwegenen Auftrag, diese großen rollbaren Abfallcontainer aus Zink zu säubern.

Oder vielmehr deren Inhalt zu entfernen: vollgeschissene Windeln aus der Inobhutnahme, deren Kinder ich einige Stunden zuvor noch putzig fand.

Nachdem die Scheißepampers mehr oder weniger entfernt waren, tat ich bei nahezu 40° in praller Sonne das einzig Sinnvolle, indem ich ohne Atemschutz und ohne Cap die ganze festgeklebte Kacke Kacke Kacke mit heißem Wasser aus dem Schlauch zu befeuchten versuchte – das hat durchaus funktioniert. Da ich den ganzen Koli-Sud obendrein literweise mit *Klorix*, einem handelsüblichen Reiniger auf Chlorbasis, aufgoss, sodass sich das Bouquet in ganzer Breite entfalten konnte. Nach Feierabend versuchte ich dann Zuhause zu schlafen, was nicht so richtig ging, da sich dämmernde Kopfschmerzen anbahnten. Einstellten. In Synapsen frästen. Meine graue Haut der Tot, so der Hausarzt am folgenden Tag. „Lieber ins Krankenhaus, jetzt gleich und in Begleitung."

Dort angekommen, fiel ich bei der Legung des Katheters dem taufrischen Assistenzarzt per Ohnmacht in die Arme. Meine Frau, die zugegen war, und mir später die Szene schilderte, erschrak dabei weitaus mehr aufgrund der Panik des jungen Mannes, der ebenso wie ich binnen weniger Sekunden kreidebleich geworden war. Alle Anwesenden berichteten mir lebhaft, wie mein schlaffer Körper die Augen verdreht und wie tot ausgesehen habe.

Marc-Vivien Foé, der junge Fußballprofi aus Kamerun, war drei Wochen zuvor auf offenem Spielfeld gestorben, und ich weiß noch, wie nachhaltig die Schrecken der TV-Bilder seines herangezoomten Kopfes, dessen Augen, die Live-Bezeugung seines Todes, in diesem Zusammenhang wirkten. Keine Marginalie, vielmehr eine jahrelange Begleitung. Immer wieder zutage.

Wie lange ich tatsächlich bewusstlos war, weiß ich nicht, ebenso kann ich nicht erinnern, ob ich mein geliebtes Brasilien-Trikot danach noch retten konnte – wie auf Knopfdruck kam ich von der Trage aus nach oben geschnellt und kotzte mir die Seele aus dem Leib und alles und alle voll.

Dieses plötzliche Eintreten von Zustand X zu Y, das Fehlen jeglicher Kontrolle, die Erinnerung an jenen dämonenbesetzten Körperstatus jagt mir noch heute kalten Schweiß die Schläfen empor. Was danach und die Tage darauf passierte, weiß ich im Detail nicht mehr, obwohl ich zügig entlassen wurde. Wohl aber, dass ich mehrere Wochen Kreislaufprobleme und mit Anfang 20 das erste Mal länger anhaltende Sorgen um mein Herz hatte. Die Lunge war in Ordnung.

Jedoch zerfraß stetige Angst daraufhin meinen bisher unbeschwerten Alltag und stülpte ihm eine Glocke einer abweichenden Wahrnehmung über; Gedanken und Fragen, die sich fast ausnahmslos darum kreisten, wann ich wieder vollständig hergestellt, auf normal laufen würde und ob das überhaupt noch ginge.

Zäsur II?
Nope.

Obwohl – solcherlei Fragen schossen mir auch etliche Jahre zuvor noch vor der Schulzeit bereits panisch schäumend durch den Mund, ja Mund:
Bei einer Fahrradtour mit der ganzen Familie durch die Kornfelder des Leineberglandes in den 80er Jahren wurde mir ein Geschmack gewahr, von dem ich entweder annahm,

so schmecke Radioaktivität oder es müssen Pestizide sein.

Ich bekam ihn einfach nicht mehr raus raus raus und spuckte und schluckte mich um Kopf und Kragen.

Im Kindergarten war die Leiterin die Wochen zuvor um Aufklärung bemüht, weil der Supergau Tschernobyls noch frisch in den Köpfen, Pilzen und Sandkästen zugegen war, wobei sie das Momentum nutzte und den Rundumschlag dann sogleich um Begriffe wie Seveso, Dioxin und anderes Gift komplettierte. Echt kranker Shit für vier bis sechsjährige Gehirne. Hendrik schiss sich in die Hose bei dem Gewahrwerden des Potenzials unsichtbarer tödlicher Stoffe. Er tut mir leid. Weil es so weit nicht hätte kommen müssen. Der Eifer der Pädagogin ein Griff ins Klo. Und doch so nachhaltig.

Noch ein Fetzen. Meine Brüder holten mich vom Kindergarten ab und „verstromten" mich, indem sie mich dazu zwangen eine riesige Kabeltrommel an einer Baustelle und die dazugehörige unverlegte Leitung zu berühren. Die Geschichte etablierte sich in den kommenden Jahren als familiärer Running Gag, bei dem ich beschämt, aber ebenso belustigt mitgrinsen konnte. Sie findet deshalb an dieser Stelle Erwähnung, weil die darin enthaltene Erfahrung bei aller Kürze ein Muster der Verunsicherung befeuerte und auch hier eine Spur hinterließ: „Was ist, wenn doch? Wenn nun doch irgendetwas in meinem Körper zunächst unbemerkbar ausgelöst, wenn er vergiftet ist und ich einem schleichenden Prozess unterliege und irgendwann tot umkippe?" Diese Schisser-Mentalität sollte denn auch eine gewichtige Facette meiner Familienrolle darstellen.

Lassen wir das mit der Zäsur.

Denn die Omnipräsenz des kalten Krieges zur selben Zeit mitsamt kettenrasselnden Panzern, Stahlhelmen und damals noch erlaubten Tiefflieger-Manövern ohne Ankündigung und zudem mit ohrenbetäubendem Lärm war auch nicht ohne. Weltkriegs-Latenz. Im Voraus des Golfkrieges setzten mir später die Giftgasmeldungen und Bilder von krepierten Kindern zu und mischten sich mit apokalyptischen Szenarien aus Bondfilmen, die ich viel zu früh sah und sehen wollte, sogar verschlang. Es setzte sich sodann die Bombe gegen das Gas durch (obwohl *Moonraker* ganz schön Eindruck machte) und übte eine perverse Faszination auf mich aus, die mich lange begleitete. Auch heute noch ist das Beobachten eines aufsteigenden Atompilzes aus vermeintlich sicherer Entfernung mein persönlicher wiederkehrender Traum, den ich gerne durchlebe, weil ich ihn durchlebe.

In diesem Moment fällt mir noch ein Vorfall ein, welcher zeitlich gar nicht so weit vom Aufenthalt auf der Intensivstation 2009 entfernt lag: Ich fiel auch nochmal beim Scheißen prompt und ohne Ankündigung ohnmächtig vom Klo, sodass mein Gesicht ungebremst auf die Fliesen klatschte. Eine Woche lang hatte ich die Lacher auf meiner Seite wegen des verkrusteten Musters, das sich rechts über meinem Auge abzeichnete, aber auch ohne dieses war die Geschichte gut zu erzählen; auch heute noch.

Aufgrund der zeitlichen Nähe zur Zwischendiagnose von damals – „Perikarditis", also Herzbeutelentzündung – wurde der Ausbau der o. g. Spur reaktiviert. Ebenso gravierend war die erneute Ohnmachtserfahrung, die mit einer Imagination des Ankämpfens gegen ein Ertrinken gekoppelt war.

Wie weitere Bewusstlosigkeiten (die in der Rückschau meistens mit einer situativen emotionalen Überforderung von null auf hundert einhergingen) sind da auch noch weitaus tiefer liegen-

de, weil in der Familienbiografie verankerte, generationenüber-
greifende Zusammenhänge, die eine gewichtige Rolle spielen
und die sich letztendlich auf mein privatisiertes Angstniveau,
mein persönliches Hypochondertum, auswirkten. Die Ausfüh-
rungen jener sind mir nicht erlaubt, ich verbitte sie mir aus
Gründen.

Am 10.9.2020 kippte ich dann um und blieb lange liegen.

Dem voraus ging meine Covid-19-Infektion im August, mit der
ich an sich weniger Probleme hatte, wohl aber mit der gleich-
zeitigen zweiwöchigen familiären Quarantäne auf engem
Raum, die eine Schonung ad absurdum führte – ebenso wie der
Anruf meiner Ärztin samt Ergebnis des Tests und ihr Verkün-
den, eine spannende Zeit stünde mir bevor.
Grazie.
Abgesehen von komplettem Geruchs- und Geschmacksverlust
und teils erhöhter Temperatur hielt sich das Leiden also in
Grenzen. Allerdings manifestierte sich ein beklemmendes
Brustgefühl, weniger ein Schmerz, welches wandernd meine
Kurzatmigkeit begleitete. Noch während des Checks beim
Lungenfacharzt am 7.10. versicherte man mir, 120% seien eine
stolze Leistung, woraufhin ich ausschließen wollte, dass das
Herz, mein persönliches Ekelorgan, von diesem Novum und
seinen in ersten Ansätzen in den Medien beschriebenes Poten-
zial befallen sein könnte.

Drei Tage später lag ich für eine Minute verkabelt auf der Prit-
sche, eine Viertelstunde darauf erneut auf harten Fliesen.

Der sensible Weißkittel schleuderte mir zuvor in der Bespre-
chung des Panikseismografen entgegen, wie heeeeeftig meine
Herzrhythmusstörungen doch seien. Also doch eine spannende

Zeit. Während er dann recht aufgeregt vergeblich telefonisch den Chefkardiologen des in der Nähe liegenden Krankenhauses zu erreichen versuchte, bekam ich bereits kalte Schweißausbrüche. Zittern kam dazu, als er meinte, ich müsste mich bis kommende Woche damit erst mal abfinden.

Und wie sollte ich damit bis dahin schlafen?

Das war das Letzte, was mir beim Warten im Gang auf die Krankschreibung durch den Kopf ging, bevor dieser – mal wieder – in einem Ohnmachtsanfall auf besagte Fliesen klatschte. Wie schon damals war der Blackout von einer unsagbaren Panik, von einem verzweifelten Anschwimmen gegen X gekennzeichnet, eine Überforderung, die einem überaus starken psychedelischen Zustand nahekam, den Kosmos anzapfte, alles vor und dahinter, alle Seelen gleichzeitig, die ein kollektives Leiden auf meinen Schädel pressten und deren Schreie meine Knochen zu zermalmen drohten. So etwas hatte ich bisher glücklicherweise eher umgekehrt in orgiastischer Manier erfahren, holotrop. Die Überschwemmung an Gedanken, Zuckungen, Impulsen von innen und außen, die nun über mich kam, war jedoch derartig gemein geartet, niederträchtig, personifiziert bösartig von irgendeiner Macht projiziert, die mir wiederum den Gedanken eintrichterte (und das ist der passende Begriff), als Allmächtiger mit allem connected, auf dieser Basis aber ebenso verantwortlich für jegliche Art von Scheiße und Destruktivität zu sein, die sich bisher durch die Population des Menschen auf diesem einen Planeten ereignet hatte, in diesem Momentum gefriert und doch einen Ausblick gewährt auf das, was noch kommen wird.

In allen Tempi gefangene Stiche und Schnüre – das müssen die addierten Synapsen gewesen sein – äußerten sich in einer für mich bisher unbekannten Physis.

„Wir haben ihn", „Puuuuuh", „Gott sei Dank" und so was in der Art, vielleicht auch ein paar sanfte Schläge an den Hinterkopf, vor allem aber eine spürbare Anspannung in der Nähe meines Körpers, der jetzt wieder ein einziger war, holten mich daraus – vorerst. Dann ein ganzes Komitee um mich herum und die Aerosole des Praxisarztes, hüpfende Notationen, musikalisch grinsend und ein Japsen überspielend: „Ich wollte gerade zur Herzdruckmassage anlegen, weil kein Puls zu spüren war." Später nochmal die Betonung des Wortes *Wiederbelebung*. Was mich persönlich traf, war der glasklare Versuch von außen, da irgendwas zu überspielen, eigene Unsicherheit und die Peinlichkeit der Szenerie mit Witzen zu übertünchen – das machte mir weitaus mehr Angst, weil ich zum einen die Überforderung und Hilflosigkeit einer ausgebildeten Kapazität verinnerlicht bekam und zum anderen, weil mir suggeriert wurde, dass meine angesammelten Ängste aus den Jahren davor nun doch einen pathologischen Background offenlegten, situativ, dass es durchaus ernst sein könnte. Nun.

Funktioniert das – eine Raffung anstreben?

:

Auf der Intensivstation lernte ich das Benzodiazepin Tavor kennen, schätzen – und dessen Ekel in Begleitung.
Im Bett des Chest Pain Units konnte ich daraufhin astrein schlafen, neben mir ein 83-jähriger Tennis spielender mit Kammerflimmern, der am nächsten Tag beeindruckend in meinem Beisein geschockt wurde. Er elektrisch, ich von einer Kostprobe des gewinnorientierten Gesundheitswesens der BRD, indem ich relativ zugedröhnt (dankenswert vom wem in Kauf genommen?), aber im Hinterkopf noch zugegen, schnallte, meine Unterschriften auf einem Papierstapel werden Folgen haben.

Dahingehend Druckmache des ansonsten freundlichen Personals, ich müsse mich nun endlich entscheiden und die obligatorischen Kreuze machen. Mir ging das gegen den Strich und ich verstand die Antworten auf meine Fragen ebenso wenig wie den Umstand, dass ich ggf. gar nicht erst nachgefragt hatte. Kein Plan. Von nichts. Tavor macht praktisch. Weil gleichgültig. Jedenfalls staunte ich nicht schlecht, als ich mich drei Wochen später mit ca. 500 Geldeinheiten an der Behandlung beteiligen musste. Das war auch der gleiche Preis für die Krankenfahrt von der Lister Meile bis zum Clementinenhaus, die vielleicht drei Minuten in Anspruch genommen haben dürfte. Das musste ich sogar zweimal hinblättern, erinnere ich in diesem Moment.

Nach meiner Entlassung auf der Basis der Diagnose der ventrikulären Extrasystolen begann nun mein ganz privates Praxenroulette. Und wäre mir von Anfang an bewusst gewesen, vielmehr sachlich und weniger sensationsbehaftet klar gemacht worden, dass diese Form von Rhythmusstörungen eine eher weniger gefährliche Form in der Umgebung koronarer Herzerkrankung und zudem gut zu handeln ist, hätte ich mir das eventuell ersparen können. Jetzt erst, nach einer Odyssee von eineinhalb Jahren und ungefähr 15000€ angestauter „Behandlungskosten", wird mir allmählich klar, wie sehr einige Praxen oder Kliniken mit eben jener Angst und auch der Angstbiografie rechnen und/oder deinen Verwirrtheitszustand, gedopt oder einfach nur verzweifelt, auszunutzen wissen. Nein, keine Lust, diesen Aspekt der Angstmache um das leidige Thema Corona zu erweitern, zu erhellen und dessen mediale Ausschöpfung zu bemühen.

Mir wird das hier allmählich zu lang.

Aber wahrscheinlich muss ich noch ausholen, um das genauer erörtern zu können.

In jedem Falle wurde mit dem o. g. Vorfall ein Schalter umgelegt und etwas in mir aktiviert, was ich nicht zu steuern vermochte. Schließlich nahmen die massiven Extraschläge mit der Entlassung nicht ab, im Gegenteil befeuerte Angst=Psychostress=unverhältnismäßige Ausschüttung von Adrenalin und Cortisol, so wurde mir erklärt, das Unbehagen im Thorax umso mehr. Durch einen neurotischen Fokus riss ich mich selbst in einen Strudel, der mir in seiner Offensichtlichkeit und Analyse blamabel verkümmert vorkam, und mich bereits nach wenigen Tagen brachial langweilte, was nicht hieß, von ihm ablassen zu können.

Obendrauf dann die zusätzliche Diagnose, dass mir der Virus anscheinend einen Prolaps der Mitralklappe zufügte und eine Insuffizienz hinterließ – daher das schnelle Erschlaffen. Dennoch sollte ich auf der anderen Seite laut Empfehlung nach bestandenem Belastungs-EKG optimalerweise schon bald wieder gemäßigt Sport betreiben, um das überschüssige Adrenalin und Cortisol im Körper abbauen zu können, was sich wiederum positiv auf die Psyche auswirke. Bei jeder sportlichen Betätigung, aber auch vom Treppensteigen übers Einkaufen bis zum Bumsen hatte ich jedoch den Eindruck, das Gefühl, die Angst, ich könnte mein Herz entweder akut überanstrengen oder wenigstens eine schwelende Entzündung davontragen oder was auch immer.

Da die Benzos als Joker reserviert waren, betrank ich mich des Nachts bis zu einem gewissen Level, um das Hineinspüren in den Körper im Liegen bei Dunkelheit flach zu halten, bis es dann hieß, die Arrhythmien würden dadurch verstärkt. Also schluckte ich doch zwischendurch immer wieder mal eifrig ein paar Pillen, um den tagsüber plötzlich eintretenden Panikattacken, die mir zuvor fremd waren, prophylaktisch entgegenwirken zu können. Überhaupt war ich bisher von solchen Problemen, zumindest im nüchternen Alltagsbewusstsein, bisher verschont geblieben.

Du trittst von einer Sekunde auf die andere plötzlich in einen dir unbekannten, unbehaglichen Raum, oder wirst vielmehr da hinein getreten, verlierst mit erschreckender Gewissheit merklich die Kontrolle, dein Selbst gleitet dir aus den Händen, während du noch rätselst, ob deine Organe kaputt und deshalb diesen Zustand motivieren oder umgekehrt dieser Zustand gerade deine Innereien in sich verwringen lässt. *Diesmal aber! JETZT ist es wirklich ein Infarkt! So fühlt sich das also an...*Heftiger Puls, Schweißausbrüche, Ohnmachttendenz, Atemnot, Schwindel, Kotzreiz, das volle Programm. Angst, in einen Zustand zu geraten, aus dem ich von selbst nicht wieder hinauskomme. Hängengeblieben – aber auf welcher Substanz?

Teils erschien ich mir in diesen aufflammenden Momenten entrückt und von mir ferngehalten, fremdbestimmt: Festplattenkiller. Fühlt sich so Alzheimer an? Bin ich bereits dement? Oder jetzt gerade akut und das klingt wieder ab? Sterbe ich gerade? Verlustig der Gegenwart – ich bin in der Vergangenheit und in der Zukunft zugleich, war und werde, aber kein Sein mehr, weiß nichts mehr, tillllllt, habe vor etwas auszudrücken, aber kann es nicht kleiden, Flashback, Komplett verrückt werden oder einen Herzanfall haben? Darüber Theorien über Theorien, Recherchen über Recherchen. Und alles so leidlich jämmerlich voraussagbar, das Manöver, der Ausblick, wohin das führen wird, die kognitive Auseinandersetzung, von der du merkst, sie ist für den Arsch, schließlich die Lähmung.

Obendrein schien ich nun doch so etwas wie neurologische Beeinträchtigungen durch Corona davongetragen zu haben, jedenfalls zeitlich versetzt: Mein Schweiß roch fortan nach Autoabgasen, ganz gleich, was ich zu mir nahm, meine Pisse nach Hühnersuppe, von meiner Scheiße ganz zu schweigen. Cola und andere Getränke schmeck(t)en seitdem anders. Häufiger kam es vor, dass ich von einem Raum in den anderen kam, wobei dieser eindeutig, wenn auch nur leicht, rauchig verschleiert war, ein Effekt, der sich aber relativ schnell wieder legte – an einem Tag – die hier geschilderten Phänomene jedoch hielten locker über ein Jahr an und treten auch jetzt noch ab und zu auf – je nach Beanspruchungslevel.

An eine wochenlange Krankschreibung schloss sich eine Eingliederungsphase an, in der ich zunächst mit der Hälfte meiner Unterrichtsstunden eingesetzt wurde. Die darin aufgebrachte Konzentration, einerseits meine Depressionen und immer weiter ausufernde negativ gepolten Gedankenspiralen unterdrücken und überspielen zu müssen, andererseits aktiv und passiv an Gesprächen teilzunehmen, erschöpfte mich derart, dass mein Nervensystem zu kollabieren drohte. Ich konnte meinen eigenen Dissoziationsprozess verfolgen. Und lief hinterher. Ein über das ganze Körpersystem bebender Schauer, elektrisiertes Zittern, war innerlich zu spüren, gehörte jedoch nicht zu mir, war schneller als ich, ein klandestiner Schrittmacher – von wem oder was eingesetzt? Nein, ich hatte zu jener Zeit noch keine Impfung genossen.

Der Anforderung, eine Stimme aus 30 anderen herausfiltern zu müssen, diese zu fokussieren, den Inhalt aufzunehmen und eine sinnvolle Antwort/ein Feedback zu steuern, kleinschrittig zu antizipieren und gleichzeitig vorausschauend so etwas wie ein „Lernziel" im Auge für alle zu behalten – all das, was in meinem Job selbstverständlich und nahezu automatisiert im Alltag abläuft – vermochte ich kaum standzuhalten; erst recht nicht, umso mehrere Sinne synchron gereizt wurden. Nach einer Doppelstunde war ich platt, in einigen Momenten wusste ich urplötzlich nicht mehr, um was es noch vor einer Sekunde ging bzw. was von mir als Replik auf X verlangt worden war, ein totaler Blackout, der meistens mit Herzrasen und Anflug von Panik einherging. Da stehst du schön vertrottelt da. Ich entschied mich, und das war von Anfang an richtig so, mit meiner Gesamterkrankung offen umzugehen und insbesondere die jungen Menschen in solchen Momenten um Entschuldigung und für etwas Zeit zu bitten. So wie ich sie kannte und einschätzte, war das glücklicherweise gar kein Problem. Ich war und bin äußerst dankbar, wie positiv mich die Schülerinnen und Schüler in jenen Tagen beeinflusst und über Wasser gehalten haben.

Die mitunter bedrohlichste und schlichtweg nervigste Begleitkomponente jedoch war die an jedem Tag unterschiedlich ausgeprägte Depersonalisierung und Derealisation, die DPDR – ein Graus, der sich nur äußerst schwer beschreiben lässt. Ein unwirtliches Gefühl der Un-wirk-lich-keit durch komplette Vereinnahmung durch in sich kreisende Gedanken, Komplexität, lateral, divergent, für nichts und niemanden brauchbar, weder aufklärend noch gewinnbringend, ein GEFÜHL, welches ich bereits von vorausgehenden depressiven Episoden und stets in Verschmelzung mit Angst, im Zuge von Recherchen nun aber auch als Begrifflichkeit kannte. Siehe oben: für nichts und niemanden brauchbar, weder aufklärend noch gewinnbringend.

Teils traumartig,

teils optisch anders, aber anders, wie anders, was ist anders?

Das Geschehen drumherum wie durch einen Fernseher oder eine Kamera verfolgend, und doch optisch nicht besonders abweichend, aber

anders anfühlend, verdammt

erdrückend, das Sichtfeld minimierend

ständige Angst, verrückt zu werden – was hat der Virus mit meinen Synapsen angestellt, hat er sich an zurückliegende Kurzzeitvergiftungen erinnert, an sie geheftet, nun gekoppelt?

Fühlt sich böse an, beaobachtend, bedrohlich

Ein Warten auf die endgültige Verstandesauflösung

Gehirngrütze hoch zehn, Neuronenbrei, gaga, Höhlengleichnis, Matrix, DMT?

Meine eigene Hand sieht aus, als könnte sie jemanden anderem gehören, aber nicht mir

eine übergestülpte Glasglocke

wie man das von einer starken Erkältung kennt? Oder von einer Schinkensandwichvergiftung, schon irgendwie trippy,

ein Brett vorm Kopf, ein nicht richtiges, vollständiges Bewusstsein/Dasein, außen vor

dumpf.

Und Obwohl mir solche Zustände u. a. aus meiner Exitusnähe in den Semesters zwei bis vier meiner Studienjahre durchaus bekannt vorkamen, in einer Zeit, in der mich der erkenntnistheoretische Skeptizismus und überhaupt ein überbordender

Input philosophischer Konstrukte so vereinnahmte und entzündete, bis ich von einem Tag auf den anderen fragte, ob meine Frau real sei oder ob ich sie mir einbilde, war die hier aktualisierte Hartnäckigkeit geradewegs erstaunlich, erstaunlicher.

Die damaligen Satelliten *Solipsismus* und *Physikalismus* müssen als Begrifflichkeiten im ICD-10-Schlüssel bereits verankert gewesen sein. O. g. Frage, letztendlich eine Schleife, Zwang, wird niemals beantwortet werden können, wohl aber die Akzeptanz darüber „[...] *und diese gilt es anderen Spielchen dieser Art überzustülpen"*, optimalerweise spielerisch, nehme ich an. Singsang, präventiv, methodisch wahrscheinlich das einzige, aber schlüssige Programm.

Es fehlte damals und auch heute noch der Boden unter den Füßen, den es nicht gibt, weil es für nichts eine Garantie gibt, wenn ein Was-wäre-wenn?, Man-kann-ja-nie-wissen übrigbleibt. Alles andere als besonders, jede und jeder kennt dieses Trittbrett, lediglich der daraus resultierende Leidensdruck variiert. Auch darüber natürlich wieder Recherchen, Fragen in Therapiestunden, Austausch unter Leidensgenoss*innen, Mittelchen, Nahrungsumstellungen – Strohhalme.
Immerfort, ohne Unterlass, verausgabend. Tagsüber warten auf die nächste Panikattacke, Totalanzweiflung der Projektion von Welt, negativ überbordende Kreativität, nachts Aufschrecken aus der Schlafapnoe, ein zugedrückter Hals und Schluckverlernung. Und wieder: Wann hört das auf – und wann weiß ich, dass es aufgehört hat? Wer beantwortet das? Welche Fachfrau, welche *Kapazität*?

Hier war ein Anfang gemacht – fortan verselbständigend:

Eines morgens im Oktober des ersten Coronajahres wachte ich mit dichtem Kopf auf, blies mir intuitiv in die Nase, woraufhin es derbe in meinen Ohren klingelte und rasselte. Um es abzukürzen: Ab zum HNO. Der vollführte allerlei Tests, „[...] um besten Gewissens alles Organische auszuschließen", wie er sagte. Dann die Interpretation eines Blutbildes und meines ASL-Titers (Streptokokken) – „Das kann aufs Herz gehen, die Bakterien legen sich dort ab!" Ein neues Puzzleteil und Fokus im Fokus. Warum und wozu das große Blutbild? Keine Ahnung. Ein mir als Laie fragliches Instrument, ein EKG-Band von Matell zur Stressmessung in nur zehn Minuten (Ist der Typ auf alles spezialisiert?!), willkürliche Punkte auf wirren Koordinatenkreuzen, Gerätschaften aus den 70ern? Schwindeltests, Überweisung zu befreundeten(?) Kolleg*innen, die Hirnstrommessungen vornehmen, um den Ausschluss des Ausschlusses auszuschließen, Broschüren gegen D3-Mangel und Präparate.

Ich hätte dem weit über das Rentenalter hinaus praktizierenden Universalgenie auch einen 3D-Mangel abgekauft, deutete seine mannigfaltigen Untersuchungen als Sorgfalt, anstatt mich zu wundern, wie weit und wie oft mich ein fachfremder Arzt auf den Kopf stellen *mag* und dachte und äußerte dennoch *Daumen hoch!*, weil ich mich vorerst ernst genommen fühlte.

„Nochmal wiederkommen", „noch 'n Test", „dann müssen wir nochmal schauen, ob"...

> *Die Angst darf nicht vergehen, zumindest nicht komplett.*

- kommt mir vor, als hätte ich das häufiger gehört -

oder

nochmal sieben Stunden Intensivstation und viel Gepiepe für nichts, dafür Benzos gratis, yes!

Kardiologen, die ihre Suaden als psychologische Beratung ausweisen oder therapeutisch/soziale Maßnahmen einleiten, die keine sind;

Vorhofflimmern als fälschliches Resultat bei schlecht kalibrierten Geräten,

Ein Stromschlag und erneute Angst vor Arrhythmie, dabei war der Herzschlag danach umso regelmäßiger;

ein deklarierter Impfschaden, der keiner war, auch die Myokarditis nicht, besagte das zweite MRT. Aber wurden mir da zuvor nicht eindeutig Ablagerungen auf den Bildern gezeigt? Ach ja, „erschwerte Sicht" > und deshalb erhöhter Faktor in der Endabrechnung, ganz vergessen...aber nicht den erhöhten Hygieneaufwand;

Telefongespräche, als Konsultation ausgewiesen, ohne jemanden tatsächlich gesprochen zu haben: 10,72;

mehr bürokratischer Schrift- als Geschlechtsverkehr, dann zwischendurch doch verzweifelt gehäuft Promiskuität zur Ablenkung > Angst vor STIs als Folge > ein aufgesuchter Urologe, der auch Osteopath ist, möchte mich einrenken, nachdem ich ihm gestand, evtl. Syphilis zu haben, für die es keinen Anlass gab > abwegigste selfmade Panik-Prognosen+;

dem vorausgehend drei unterschiedliche ruckzuck verschriebene den Magen zerfetzende Antibiotika, die auch umsonst waren;

ein Gutachter, der mir im Leben persönlich niemals begegnet ist und begegnen wird, schmettert die Diagnosen meiner Psychotherapeutin ab, weil die Krankenkasse schließlich nicht zu viel bezahlen möchte, für einen Typen wie mich, der jahrelang nicht zu Ärzt*innen marschiert ist und auch jetzt damit nicht anfangen soll. > oder war es der Faktor 3,5 aufgrund (m)einer komplexen „Seelenanatomie" (kann man darauf stolz sein?)?

Etc.

>>>>>> bei allem Schmus:

ein überprivilegierter Beamter des deutschen Beamtentums*

Aber keine Lust jetzt auf Diskussion um strukturelle Probleme.

Obwohl – das Ding mit der Privatisierung der Organe des Gesundheitssystems, humanitäre Einrichtungen, Anlaufstellen, Hilfe, Betreuung, Kliniken, Lebensrettung...

---

deren Lehrer*innen monatlich allesamt mindestens 100€ ihrer Besoldung abgezwackt und in die Bezahlung von Pflegekräften investiert werden sollte – was immer noch deutlich zu wenig ist.

Der Mensch und sein National-Bewusstsein.

Ein wiederholt starres Festhalten

an aufoktroyierten Konstrukten

inklusive taxonomischer Zwänge

                mündend in

„Staatsangehörigkeit".

Einfaoh nur lächerlich.

Wir erforschen die falschen *Sachen*.
            „Sachverhalte" - darin liegt bereits der Fehler.

Unsere zivilisatorischen Systeme, Konventionen, Zwänge, Konformismuskorsetts und Wissenschaften verschleiern, verwischen, verdrängen das unterbewusste, aber natürliche Bewusstsein, einem mystischen Weltzusammenhang ausgeliefert zu sein. Da ist ein angeborenes Verlangen nach einem Darüberhinaus, nach Magie, nach dem Plus hinter der Erscheinungswelt der langweiligen, da für alle die gleiche cartesianisch-newtonisch-mechanistisch-szientistisch-positivistisch-materialistisch-konsens-konventionalisiert-reduktionistischen

Weltauffassung –

In der Kindheit ist das Geheimnis präsenter, im Erwachsenenalter nahezu erloschen, weil wir uns verraten, verkauft und hart gemacht haben. Der o. g. Impetus wird jetzt mit oberflächlicher Mystik bedient und befriedigt.

Die (ebenso meine) westlich-geprägte

Kultur

kommt mir einer Vergewaltigung

meiner eigenen Persönlichkeit gleich.

Doch wo ist das Abkommen?

Wo liegt der Gegenwert?

Wo "der Anreiz"?

Der Begriff der Wirtschaftlichkeit,

das Verhältnis Leistung-zu-Kosten,

beschreibt diese Perversion

ironischerweise vollkommen.

ZEITENBLENDE

In aller Munde Bitterkeit
der Zeitenwende einverleibt
aufgebrühte Angst aus Kindestagen
in den 8oern
zwischen Manöver der Tommys und Gammastrahlen
jetzt
in den Zwiebeltürmen Empfindsamkeit
für Stalinorgeln und Bedrohlichkeit
beider Kräfte Gemeinsamkeit
Todesopfer
territorialer Gehirne
Muskelspiele
Schwanzvergleich

Unterstützt Taxonomie generell

ein tieferes Verständnis für Sachverhalte

oder sabotiert sie dieses im Kern?

Fördert sie eine Kommunikation

miteinander oder nur ein Über?

Oft erscheint mir nichts auf der Welt lächerlicher und absurder als „DIE KUNST".

Insbesondere dann, wenn auf Vernissagen ehemals extravagant bunte Vögel in ihren einfarbigen Uniformen aus Dreiteiler und Schlips daherstolzieren, Ismen streuen und sich auf ihrer erschlafenen oder erkrochenen C4- oder mittlerweile W-Professur einen runterholen. Und gleichzeitig ist klar: So sehr K auch die Absurdität des Menschen spiegelt, sich entweder teils selbst viel zu ernst nimmt oder ihre eigene Nichtigkeit entlarvt, so bleibt sie unabdinglich. Weil sie das Potenzial des Facettenreichtums der individuellen Ausdrucksmöglichkeiten im Zuge von Introspektion mit dem Potenzial einer universalen, globalen Kommunikation zu verknüpfen imstande ist, und gleichzeitig unabhängig – insofern sie aus ihrer Nischenexistenz befreit werden kann. Von sich selbst(?) Zudem bedeutet sie Simulationsraum. Eine alternative Daseinsform.

KUNSTKunST   Widerspruch,
zeitgenössisch: K beansprucht in der Praxis einen radikalen Individualismus (und postuliert im Zuge dessen einen größtmöglichen Freiheitsaspekt), während sie gleichzeitig in strukturalistischer Manier, mehr noch – im Sinne eines verqueren Egalitarismus – universelle Muster der Spezies Mensch aufzudecken
gedenkt.

„Was ist der Mensch?" – sei die mittlerweile eingetretene Akzentverschiebung gen anthropologischer Fragestellungen noch nachvollziehbar bis logisch, ihre innewohnende Konkurrenz zwischen zwanghafter Darstellung von Einzigartigkeit
des Einzelnen und demonstrativer Objektivierung, was den
Menschen ausmacht, irritiert hingegen, da sie so versackt und
festgefahren ist.

ON DEMAND

Damals, als wir drei Sender zur Verfügung hatten
und es noch Knöpfe zum Drehen am Telly gab,
schrie ich manchmal allein vor der Kiste
verzweifelt nach meinen Geschwistern,
um sie an einer Kuriosität beiwohnen zu lassen.
Vergeblich: Da war der Moment schon gelaufen.
Und niemand wusste, ob und wann wir das nochmal zu sehen
bekämen.
Welch Graus.

ein Porno: in den 90ern 'ne Rarität
auf VHS, versteht sich.
Dummes Grinsen in der Runde
bei strammer Hose Peinlichkeit
und Ruhe bewahren
nur nicht zu viel des Guten...

Heute, bei YouPorn oder anderswo
würgend gefickte animierte Hauselfen
Gesicht wie 8
der Sanduhrkörper bei 140-50-120
und immer schön schlucken,
während ein Elefantenpimmeldildo
saftig im Arschloch rotiert.

Logisch, wenn alles stets verfügbar und sofort wieder
abrufbereit ist,
musst du nun mal immer weiter einen drauf setzen,
um im freaky Kolosseum bestehen zu können.

Tendenz steigend.

BESCHATTUNG

Die Mondesangst klirrt mir um den Körper
und wickelt mich mit Scherben ein.
Das Wachs ist einer kühlen Präzision gewichen –
ein Silber, das meisterhaft über Hügel streicht,
die ich tausendfach geschaut bis geträumt
nun feindlich lauernde Silhouetten sind –
kaleidoskopische Observation
umarmender Dolchung eingedenk.

Wer sagt??? Ich denke gar nicht daran, weiterhin konform
zu sein, mir reicht der Konformismus, sterben zu müssen,
vollkommen aus. Na ja

SCHWANENGESANG

Blasen wir die Kerzen an
und knospen unser aller Zellen
entgegen einer Rivalität,
von der niemand weiß,
woher sie rührt,
hochbetagt und jungfräulich,
außerstande zu vergehen.

Ein alter Hut, noch akut:
Wie kommt es dazu,
dass in manchen Passagen der Glaubenstexte
zu konkreter Gewalt aufgerufen wird bzw.
ein martialischer Tenor
den Gedanken der Nächstenliebe unterläuft?

Ist es letztendlich schlicht die unausweichliche Todesge-
wissheit, die Welterklärungsmodelle automatisiert, die
wiederum, nahezu zwanghaft, auf (bestehende) Religionen
appliziert werden?

[...] Und da sind durchaus weitere (insbesondere technische) *Objekte,* die man ins Feld führen könnte, doch scheint mir diese kleine, gewiss staunenswert leistungsfähige, für mich persönlich vor allem angsteinflößende Apparatur eine immer treffendere Analogie des modernen Daseins zu werden, indem der Mensch seine Errungenschaften als Spezies und seine individuell erarbeitete Errungenschaft als Statussymbol stets parat hat, mit sich trägt, als sei das eigene Geschwür ein fancy-funktionales geworden, eine synchrone Amputation, jedoch *in Kauf genommen.* Und wie oben angedeutet ist das SM nur *ein* Beispiel technokratisch suggerierter Unabdingbarkeit, scheint jedoch deren Primat zu sein. Ganz gleich, auf welchem Kontinent (und was ich bei Reisen stets vorgehalten bekam), die Selbstverständlichkeit, unbedingt ein Handy/Smartphone als Verwaltungskraft der inneren Organisation(?) besitzen zu *wollen/zu müssen,* hat sich anscheinend allerorts durchgesetzt.

Ach ja, die 80s:

Eine Eiskugel kostete 50 Pfennig. Und Samstagmorgen kam immer der Bäcker aus dem Nachbarort mit seinem alten hellblauen Ford Transit-Bus und dessen charakteristischer Hupe. Noch charakteristischer die krebsverstümmelten Stimmbänder des netten Opas. Das mittelalterliche Spektakel, wenn jemand mit einer lauten Glockenklingel durch die Straßen, gefolgt von einem Schlepper, ausdauernd „Alt-Eiiiiiiiii-isennnnnnnn" rief. Und nicht mehr aufhörte. An anderen Tagen die Panzerketten und das Faszinosum des gähnenden Wartens: Wann kommen sie endlich um die Ecke. In diesem Zusammenhang einst ein fremdsprachiger nackter Mann unter der Dusche, als ich aus dem Kindergarten kam – dafür durfte ich seine MP mal halten.

DEHNMÜTIG

Ich wünschte, meine Wünsche
wären echte oder wahre,
einstig Gewissheit der Kindertage.

Nun längst verlustig und eingetauscht
im Sammlungswahn des Faktenrauschs
        ein traurig Porträt der Nachschlagewerke.

Ich wünschte, meine Sinne
verblieben an einer einzig Stelle,
Stetigkeit im Angesicht der Schaltungs-Schwemme.

Nun Taktung, Frequenz und Intervall
der Töne und Bilder Widerhall:
        ein Fiasko aus Fragen nach Kontinuität.

Ich wünschte, mein innerstes Innen
im Einklang des privaten Außen
mit den kollektiven Daten von draußen.

Nun, in der Verunsicherung Zweifel, im Argwohngespann,
der strudelnde Bann nimmt überhand:
        eine skepsisklebende Abbildhaftigkeit.

Ich wünschte, meine Garantie
der Echtheitswappnung Konklusion,
ein ehemalig Selbstverständnis,
das komme schon.

Nun zerschmetterte Hoffnungsfetzen,
welche nach finaler Aufklärung lechzen:
eine Auslieferung an einen inflationären Finderlohn.

Ist die Quantenphysik ein Beleg

dafür, dass sich die Natur

ihrer Erklärbarkeit von Welt entzieht,

dem Menschen und seinem Logozentrismus

trotzt,

weil sie sich ihre intimsten Geheimnisse

bewahren möchte?

WERNER HEISENBERG *[durchaus kritisch beäugt, aber auf den Punkt bringend]:*

„Die Wirklichkeit, von der wir sprechen können,
ist nie die Wirklichkeit an sich,
sondern eine gewusste Wirklichkeit oder sogar
in vielen Fällen eine von uns gestaltete
Wirklichkeit.
Wenn gegen diese letztere Formulierung eingewandt wird,
dass es schließlich doch eine objektive,
von uns und unserem Denken völlig unabhängige Welt gebe,
die ohne unser Zutun abläuft oder ablaufen kann und die
wir eigentlich mit der Forschung meinen,
so muss diesem zunächst so einleuchtendem Einwand
entgegengehalten werden, dass schon das Wort ›es gibt‹
aus der menschlichen Sprache stammt und daher nicht gut
etwas bedeuten kann,
das gar nicht auf unser Erkenntnisvermögen bezogen wäre.
Für uns gibt es eben nur die Welt, in der das Wort ›es
gibt‹ einen Sinn hat. "

Im Wechsel der Nacht zum Tage und mit Sicherheit etwas ver-
klebt, nahm ich die auf Alu gedruckten Ingredienzen samt
Nährwerttabelle einer Coladose in einer Diskussion um Wahr-
heit als Beispiele meiner Auslegung unseres erlittenen Kollate-
ralschadens angesichts der Skepsis gegenüber jeglicher Informa-
tion von außen.

Ich *glaubte* nichts mehr, weder dies, noch jenes.

Jetzt, sieben oder acht Jahre später im Jahre 2022, taumel ich im
Präsens.

Anatolij hat mir erzählt,
wie ein Suizidversuch in der Ukraine
von einem Hochhaus aus
auf den Leibern eines spazierenden Paares endete
– (er)folgreich:
Vater und Sohn,
Hand in Hand,
Knochen und Grütze,
Lebensabend.

ADOLESZENT

Destillationen, ein Nebelinfarkt
rostiger Regelwerke
im Schlote
wo ein Akkord der Schmatzung
auf dich wartet:
eine Geliebte clandestiner Schlüpfrigkeit –
jetzt beginnt der Zirkus!

perspektivisches Zittern:

Wenn die Holocaust-Überlebenden gänzlich von der Bildfläche verschwunden sind, werden die Bildflächen unserer Multimedia-Welt erst recht im Eifer um Hasstiraden von Neuem erglühen – und in Zeiten von Fake News, Schwurbelei und Selbstverständlichkeit der Beitragsmöglichkeiten in Massenmedien werden die antisemitischen Verschwörer*innen in propagandistischer Manier eine Geschichtsrevisionismus-Kultur heraufbeschwören, wie wir sie in dieser Form noch nicht erlebt haben.

Dem müssen wir Einhalt gebieten.

Im Frühjahr 2019 wurde ich darauf aufmerksam, dass ein Kriegsverbrecher der SS, ein wesentlicher Akteur des Massakers von Ascq, in meinem Nachbarort wohnte.

Solange der noch lebt, könnte man ja eigentlich...

Auf dem Rückweg von der Arbeit wetzte ich eine Station vor meinem eigentlichen Ziel nach kurzem Überlegen doch noch aus dem Zug, weil ich zuvor die aktuelle Adresse dieses Menschen via Internet recherchieren und in der Nähe des Bahnhofs ausfindig machen konnte.

Inwiefern das Datum des Tages dabei eine Rolle spielte, erinnere ich nicht mehr.

Nach fünf Minuten Weg konnte ich die Hausnummer entziffern, fünf weitere Minuten später hatte ich mich dazu entschlossen, mit zitternder Hand zuvor formulierte Fragen in den Briefkasten dieses Menschen zu werfen, davon ausgehend, ich würde hier, vor oder in diesem Haus, mit Sicherheit niemanden vorfinden, aber vielleicht kämen jene Formulierungen auf irgendeine Weise an den Mann.

Mein Erstaunen, dass bereits im Zuge der Internet-Recherche beachtlich anschwoll, als mir gewahr wurde, tatsächlich die womöglich korrekte Adresse erwischt zu haben, sollte nun noch einmal eine andere Dimension annehmen: Nach zweimaligem Klingeln hörte ich einige Meter über mir ein quietschendes Geräusch, blickte unweigerlich nach oben und aus einem Fenster schauend erkannte ich unverzüglich den auf die Hundert zusteuernden greisen Nazimann aus den medialen Beiträgen wieder.

„Was ich hier zu suchen hätte?"

„Ich wollte Ihnen einige Fragen stellen, komme unabhängig von Rundfunk, Fernsehen, Internet usw. allein, als Privatperson."

Dieser Dialog ging über diese nirgendwo verbuchten Zeilen nicht hinaus.

Das Gesicht, das ich mir die Wochen zuvor einprägte, warf mit einer lässigen Gebärde etwas in meine Hände hinunter: „Komm rauf. Aber hier werden keine Aufnahmen gemacht!"

Der Gang durch die Geschosse die Treppe hinauf ließ mich erahnen, dass ich tatsächlich mit dieser einen Person komplett allein zugegen war. Ich könnte ihn doch spontan erschlagen?

Ich könnte ihn doch spontan erschlagen.

Immerhin war in zuvor getätigten Interviews nachzuverfolgen, er und sein Haus seien „Opfer" von Überfällen gewesen.

In der heruntergekommenen Küche angekommen, blieben Begrüßungen aus, kein Händeschütteln, keine Floskeln, zugegen aber eine irritierende Selbstverständlichkeit, mit der ich empfangen wurde und Platz nahm, am selben Tisch, Aug in Aug, einen halben Meter voneinander entfernt. Ich könnte ihn doch spontan erschlagen. Ich wollte Hass verspüren, „tat" es aber nicht. Vielmehr spürte ich, dass mir ein Heulen innerlich den Hals hochkletterte.

Ein Abdruck der konkreten Antworten in Dialogform macht an dieser Stelle keinen Sinn – auf sämtliche Fragen hatte der damals 21-Jährige und heute 96 Jahre zählender Mörder dieselbe Position zu bieten:

Er habe lediglich Befehle verfolgt – ein Zustand, den Menschen der heutigen Generation wie die meinige nicht verstehen könnten.

Er habe und hat Zeit seines Lebens auch „nichts gegen Juden gehabt"(O-Ton: „Warum auch"?), einige befreundete Familien seien jüdischer Abstammung, er habe in Russland bei Juden gewohnt.

Auf die untenstehenden Konfrontationen hin wich der Holocaust-Leugner allerdings konsequent und eine Progression des Gesprächs sabotierend aus. Ebenso wiederholend und erlahmend sein Tenor, wie „rechtens" sich seine Kameraden der Panzer-Division auf der Grundlage von Befehlen verhalten haben.

Und wie viel er doch in der Hitlerjugend gelernt habe.

Und das Hitler ja grundsätzlich so viel bewegt habe.

Und das er persönlich ja nichts gemacht habe.

Ein Kriegsverbrecher: ICH HABE NICHTS GEMACHT.

Mir blieb wiederholt die Spucke weg, gleichzeitig konnte ich dieses Gefühl im Hals nicht ad hoc einordnen:

„Was habe ich denn getan, dass sie mich jetzt nach etlichen Jahren dazwischen verfolgen und anklagen?"

„Vor allem auch hier, hier in Deutschland?!"

Doch, Herr Unterscharführer, genau darum geht's.

Ich versicherte ihm meine konträre Haltung, für die er kein Ohr haben wollte.

Umso mehr, als er u. a. darüber sinnierte, wie wenig Sinn Gaskammern aus Glas machen würden – Konstruktionen, die er mit eigenen Augen gesehen habe, die für etwas anderes bestimmt gewesen sein müssen, mit Sicherheit jedoch nicht für Massenvernichtungen herhielten. Überhaupt ist er bis zum heutigen Tage nicht sicher, ob es jemals solch eine organisierte Tötung gegeben habe. „Arbeitslager ja, Konzentrationslager fraglich."

Dann kam er mir mit Post von Neonazis, perspektivischen Devotionalien...bis ich begriff: Der fühlt sich schlichtweg allein und betrachtet mich als willkommene Abwechslung.

Und die habe ich ihm geboten.

Ich brach die gemeinsame Zeit ab, als mir klar wurde, dass ich eine gemeinsame Zeit mit einem widerwärtigen Geschöpf Gottes verbracht habe.

Und nun verbuchen musste.

Ich musste los und tat das auch, indem ich auf die Uhr wies.

Keine Worte mehr.

Der überzeugte Nazimann hieß Karl Münter.

Und er, als Person und Stellvertreter sowie Exempel der Gräueltaten Nazideutschlands dürfen nicht vergessen werden.

Als Holocaust-Leugner und Redner auf Tagungen faschistischer Organisationen wurde er zurecht der Volksverhetzung und Verunglimpfung Verstorbener angeklagt.

Er kam ohne Strafe davon.

Ohne Strafe,

denn *„[...] laut Schengen-Abkommen darf niemand in einem EU-Land für eine Tat angeklagt werden, für die er in einem anderen Mitgliedsland bereits verurteilt worden ist. Die französischen Richter stuften das Massaker als Kriegsverbrechen ein. Die Verjährungsfrist hierfür liegt bei 20 Jahren, die Verurteilung kann deshalb nicht mehr vollstreckt werden. "*

eine von vielen diesbezüglich brauchbaren Quellen zum Massaker von Ascq im April 1944 des von den Nazis besetzten Frankreichs:

ttps://www.zeit.de/gesellschaft/zeitgeschehen/2018-11/ss-verbrechen-karl-m-nationalsozialismus-nazizeit-todesurteil-neonazis?sort=desc&page=10&utm_referrer=https%3A%2F%2Fwww.google.com%2F

Das Interview kam am 8. Mai 2019 von 15 bis 15:45 Uhr zustande, nicht mal ein halbes Jahr später war der Drecksack tot.

...Und bezog bis zu seinem Ableben eine Rente,
in der seine Zeit bei der SS angerechnet wurde.

Das Haus, in dem ich Karl Münter begegnete und täglich beim Pendeln mit dem Zug streifte, ist mittlerweile abgerissen worden.

Welche Geister schweben über ein derartiges Areal?

Und wie lange?

Was wollte ich da eigentlich?

Was herausfinden über die Frage hinaus, inwieweit öffentliche Berichterstattungen verzerrend sein könnten (Karl Münter wich in keinem Punkt und in seinen Überzeugungen in dem von mir zuvor gesichteten Medien-Material ab)?

Was für mich?

Was für uns?

Und was festhalten?

Was hättest DU gefragt?!

Ausschnitt:

Würden Sie sich selbst als Mörder bezeichnen?

Empfinden Sie sich als Christ?

Wie rechtfertigen Sie Ihre Handlungen aus moralischer Sicht?

Wie überzeugt waren Sie, „das Richtige" getan zu haben?

Sind Sie persönlich stolz auf Ihr Handeln?

Was wünschen Sie der Menschheit und unserem gemeinsamen Planeten?

Gehen Sie davon aus, nach Ihrem Tod zur Rechenschaft gezogen zu werden?

Solange wir versuchen, uns krankhaft fokussiert in der
materiellen Welt zu verwirklichen, werden wir, nun ja,
krankhaft bleiben.

Die daraus resultierenden Symptome lassen sich schlicht-
weg zu einfach über Konsum betäuben und runterspülen.
Aber die Geschwüre gedeihen prächtig.

Und immer schön düngen.

SCHAU

Im Panikpool der Wahrscheinlichkeiten
ein reges Treiben
wie nach dem Zappeln der Piranhas
bei Blutwut
ist es der Schaum, was übrigbleibt
und unter der Lupe
nur Blasen

Wie spielte sich der erste Sex überhaupt ab?

Das Penetrationsfiasko?   Ich will beim ersten Fick
dabei gewesen sein, wann nahm ein Wesen je den Schwanz
eines anderen in den Mund und wie kam es dazu, wer hat
die erste Muschi geleckt?

Einst gab es die romantische Vorstellung eines
Sterbebettes - und heute?

Kennt ihr dieses berühmte Foto von Heidegger?
Wie er so gewichtig und tief in die Kamera schaut?
Dabei sieht er aus wie der letzte Depp.
Welcher Mensch auf der Welt ist tatsächlich überzeugt
davon, dass seine gequirlte in Worte gefasste Scheiße au-
ßerhalb von Seminaren und Vorlesungen, außerhalb vom
Fachidiot*innentum, auch nur irgendjemanden, ganz zu
schweigen von einem gemeinschaftlichen Zusammenleben,
weiterbringt? Wo steckt da der humanistische Mehrwert?
Und selbst, wenn er in jenen kryptischen Zeilen versteckt
sein sollte, bleibt er immer noch versteckt.

Jede Theorie in der Philosophie muss das Ziel haben, einer allgemeinen Verrohung entgegenwirken zu können.

`Plädoyer für Weichheit?`

Auch hier schlägt Eitelkeit authentische humanistische Ideale:

Die Großzahl der Philosoph*innen meint, sich unter ihren Kolleg*innen beweisen zu müssen, indem sie Sachverhalte möglichst komplex und bereits im Ausdruck und Formulierungsexzessen so ausweiten, dass in gar keinem Fall der Eindruck der leichten Nachvollziehbarkeit aufkommt. Im intellektuellen Wettstreit ein Affront. Also immer schön den Anspruch hochhalten. Und auch die Textmasse, wenn damit noch Geld verdient werden soll.

Gleichzeitig wissen sie, dass sie die Philosophie in eine Nischenexistenz manövrieren, da deren Schriftstücke außerhalb von Fachkreisen kaum verstanden werden KÖNNEN. Dabei wissen sie selbst, dass der Anspruch der Philosophie im Sinne von Wirksamkeit in der Breite der Gesellschaft der sein müsste, dass alle Leser*innen ohne Ausbildung und Vorkenntnissen sie verstehen können sollten.

Eine Binsenweisheit? Ja. Doch.

`Wenn ich das richtig im Kopf habe, hat sich Popper mal`
`als Anti-Intellektueller versucht, indem er als Straßen-`
`arbeiter eine Woche lang eine Spitzhacke in den Händen`
`hielt.`

`Sein Rücken tat dann aber zu dolle weh.`

`Ich fand ihn süß mit seinen Riesenohren. Aber ebenso`
`wichtig.`

KOTZBEFEHL

:

Schau dir die Bilder von Jesse Washington an.

Oder vielmehr, was von ihm übrigblieb, denn Ablichtungen
seines lebendigen Körpers gibt es nicht.

Ich bin ein eingebildeter Pinsel.
Meinte gar nicht so wenig auf der Pfanne zu haben,
habe viele Bücher gelesen,
meinte einiges zu wissen usw.
und wollte dieses „Wissen" um die Black Lives Matter-
Bewegung erweitern.
Und sollte mich nicht nur schämen,
ich habe mich geschämt,
und tue es weiterhin
und werde damit nicht aufhören:

Mir war der Lynchmord an Jesse Washington kein Begriff.

Und ist es immer noch nicht.
Wie auch?

Die Aufnahmen, die seinen verstümmelten Leichnam
festhalten, gehen mir nicht mehr aus den Sinnen.
Und so muss es sein.
Gegen das vergessen.

Während in meiner Kehle und den Poren die Kotze hochsteigt
–

umso mehr, wenn sie in den dokumentarischen Zeugnissen,
Porträts bestialischer Barbarei,
eingraviert ist,
die Selbstverständlichkeit des Stolzes
in den Blicken seines Mörders:

eine gesamte Stadt.

Die Fragen dazu, in Richtung Bestie Mensch, haben wir alle –
leider auch die Gewissheit –
in der Rückschau, aus gegebenem Anlass, als Ausblick:

Solch Gräuel sind jederzeit wieder möglich.

Ab welchem Alter bzw. in welchem Reifestadium sollte man
Kinder mit den Gräueltaten der Menschheit konfrontieren?

Insbesondere mit Dokumentationen und Bildern jener?

Schließlich

Schließlich wurden die Opfer auch nicht um Erlaubnis
gefragt?

UND: Ab wann hat man eigentlich einen wech?

Wem oder was ich sonst noch so zu Dank *verpflichtet* bin?
Einer Scheißhausbürste auf dem Beamtenklosett. Sie ebnete
mir so eben den Boden unter den Füßen und lehrte mich
wiederholt, was Realität bedeute(t) und das alle
Hirngespinste und Skeptizismen für den Arsch sind –
hahaha, hihihi, hohoho!!!
weggeputzt,   geheilt.

ED:

Wenn's ums Kacken geht, hat der Mensch verschissen,
wenn's um Scheißen geht, hat der Mensch verkackt.

ICH FAHRE MIT DIR

Ich fahre mit dir gefährtig,
magnetisch mächtig lasch
mit Geräusch, das niemand kennt,
in Bahnen, die es nicht gibt,
solange ein von Kerosin Getränkter,
ein vernebelter Mensch,
verbeamteter Berserker,
immer noch so tut,
purzelbaummanövrierender Natur zu sein,
anstatt befähigt,
die Gezeiten zu besingen.

INTERVALL

Gestirnt an mir: der Giftsumach,
Almanach der Knoten Blässe
aus Regelwerk und Wiederkehr,
der Schälung inne: Nesselsucht

Periodisches Gold und Bronze
der ins Horn gestoßenen Nostalgie
der Treibjagdduldung nie
im Weg.

ANSTALTIG AUSGELIEFERT — so und so werden deine eigenen Gedanken gefälligst schabloniert, haben so auszusehen, so gefälligst wird eine Inhaltsangabe, in dieser Form, in dieser Reihenfolge, in diesem System, nach dieser Rezeptur eine Bildanalyse geschrieben — und wehe, deine Gedichtsinterpretation weicht zu sehr von der allgemein gelehrten Deutung ab — ts, ts, ts...

Schule=Anstalt. Institution. Anmaßungssystem.

Nochmal, bzw. je nach FACH: Werke (bekannter Persönlichkeiten, die uns tatsächlich unbekannt sind) müssen schablonenhaft, im Sinne der biografischen oder der sozio-kulturellen oder der historischen Auslegung, als Exempel ihrer Entstehungsepoche oder wie auch immer, in jedem Falle *korrekt* interpretiert werden.

Eigene Gedanken sind erwünscht, dürfen jedoch nicht zu abwegig erscheinen. Abwegig aus wessen Sicht?

„unsinnig, verfehlt - ÄTSCH!"

kollegialer Austausch I

A: Was ist denn bei Schülerin X und Schülerin Y Zuhause los, dass die beiden bei der Rückgabe der Klassenarbeit - eine 3 - (!) anfangen zu heulen?

B: Ja, das sind eh nicht die hellsten Kerzen auf der Torte...

Und mittendrin im Kerngeschäft ein Bewusstseinsmangel, Reflexionsverarmung in puncto Verantwortung und Wirksamkeit, zudem harte Fronten, Frustration. Was in jenen Gemäuern gelehrt wird, sind in erster Linie Konstrukte, Menschenideen, zementierte Vorstellungen von Relevanz, Richtig- und Wichtigkeit. Dabei ist es selbstredend, dass der Grad der Objektivierbarkeit/Evidenz und Verifizierung je nach Fach variiert. Die Benotung, Quantifizierung pro Kopf im Spektrum von 1 bis 6 oder 0 bis 15 Punkten, hingegen verbleibt starr und endgültig. Bilden wir uns also lieber nicht so viel auf das Bedienen jener Konstrukte ein und holen stattdessen die Schülerinnen und Schüler samt ihren Vorstellungen von Unterrichtsgestaltungen, inhaltlich wie methodisch, verstärkt mit ins Boot.

kollegialer Austausch II

A: Wie kommt ihr mit Schüler X zurecht?

B: X? Der ist gar nicht so doof!

...

Fehlleitung/Anmaßung –

Subjektives muss objektivierbar gemacht werden.
    Auf dieser Grundlage werden Individuen mit Ziffern besetzt. Mit Ziffern, die eine allgemeine Aussagekraft besitzen sollen.

Ein gepriesenes Ideal: eigenständiges Denken,
kritisches Hinterfragen fördern –

gilt das auch noch für jene,
die schon ausgereift sind?

Assoziationen im Gespräch:

Machtbeziehungen,

      Abhängigkeit,

            Benotungswillkür,

                  Verachtung

Wie kann das sein, wer hat da welchen Job mit welchem
Gewissen gewählt?

Die meisten Kolleg*innen meinen es gut und handeln vermut-
lich in besten Absichten, in ihrem Fall verstehe ich jedoch
nicht, warum sie dann im Austausch, eher Plausch, über die
SuS so geringschätzig von ihnen reden müssen.

→ mal vom hohen Ross absteigen

Sich auf dieser Basis ein privates Urteil zu bilden und über et-
waiges deklariertes „Versagen" auszutauschen, ist schon ganz
schön bitter, aber scheint einigen Spaß zu machen.

kollegialer Austausch III

A: Es gibt in der mündlichen Prüfung doch keine Klei-
derordnung, oder?

B: Wir hatten schon Prüflinge, da dachte man, die ha-
ben die Altkleidersammlung durchgewühlt und da mal
eben was mitgenommen.

Weniger Fähigkeiten und Effizienz im Fokus

als lieber

das individuelle Wohlbefinden einer jeden Schülerin, eines jeden Schülers, auf dieser Basis wiederum motivieren, sich für andere einzusetzen, denen es weniger gut ergeht, Altruismus fördern, weil die Wichtigkeit und der Sinn von Schule eher außerhalb des Stoffes, tatsächlich nämlich in den zwischenmenschlichen Begegnungen unterschiedlichster Charaktere und Kulturen liegt.

Ein Zwischenruf: Versuch das mal bei 30 Leutchen pro Klasse, du Kasper! Mmmmh

immer noch ausgeliefert:

Eine Begegnung mit einer/einem Lehrmeister*in, dabei kann es sich um Augenblicke oder um mehrere Jahre handeln, kann so nachhaltig und tiefgreifend sein.
Was bleibt: Einkerbungen ins Psychogramm für alle > Lesbarkeit > Zeugnis > Urteil...

Was außerdem bleibt: ein Engramm.
Für eine Person. Mal +, mal -

kollegialer Austausch IV

A: Einige Schülerinnen und Schüler haben konkret geäußert, Angst vor dir zu haben.

B: Das ist auch gut so – denn es ist ein verlässliches Disziplinierungsmittel.

Lassen wir uns nicht dazu verleiten, die Aussagekraft von Quantifizierungen überzubewerten – die Präsenz der „SuS" in der Schule ist ein Ausschnitt. Beachten wir auch unseren immensen Anteil der subjektiven Auslegung und Beurteilung im Sinne von „den persönlichen Geschmack treffen", weg von vorgegaukelter Objektivität und das Erinnern an unseren erheblichen Einfluss auf die Möglichkeiten der Zukunftsgestaltung. Lassen wir zu, uns selber im Austausch erweitern zu lassen, statt zu meinen, die Weisheit mit Löffeln gefressen zu haben. Weg vom Gedanken der erzwungenen Verwertbarkeit bei „Leistungsüberprüfungen", bei denen es darum geht, inwieweit kurzfristig eingeprügelter auswendig gelernter Stoff – alles andere als Tiefe und Substanz fördernd – abgerufen werden kann.

Sorgen wir für Atmosphäre, eine stützende Basis.

Und, nebenbei; nicht nur nebenbei: Schulangst muss ernster genommen werden, auch bereits bei alltäglichen Situationen wie Referaten. Von Anfang an.

kollegialer Austausch VI

A: Gibt es sonst noch konstruktive Vorschläge oder Anträge?

B: Ich finde, wir sollten stärkere Barrieren aufbauen, damit so schlimme Kinder nicht so einfach aufs Gymnasium gehen können.

Ich bin aufgewachsen in einer Zeit, in der ich durchaus partiell Angst davor hatte, schwul zu sein bzw. war diese berechtigt, weil sie perspektivisch beinhaltete, aus dem familiären Umfeld ausgestoßen zu werden. Oder aus Freundeskreisen. Oder aus dem Sportverein. Berechtigt im Innern, unberechtigt im Außen. Es geht nicht darum, ob solche Szenarien der Verfemung realistisch waren, eingetroffen wären, es geht um die Angst – und die war echt. Da gab es so ein Bild eines irischen Fußball-spielers vor der WM '94, das mich in seinen Bann zog, und ich spürte, das hat mit Attraktivität zu tun. Ungefähr zur gleichen Zeit ein steifer Schwanz beim Huckepack. Etwas später der Frevel, einem Kumpel einen Klaps auf dem Hintern verpasst zu haben, was mit der Frage „Bist du schwul?!" quittiert wurde. Dann noch dieser Fernsehausschnitt eines Vaters aus den 50ern, der meinte, er täte seinen Sohn totschlagen, wenn er er-führe, dass er ein Homosexueller sei. Ein paar Jahre später mein verklemmter Opa mit meinem Vater kopfschüttelnd in meinem Zimmer vor einem Foto, dass mich und meine Kum-pels halbnackt herumalbernd auf einem Hotelbett zeigt: „Mit dem Jungen stimmt etwas nicht." „Es ist scheißegal, welcher Orientierung ich angehöre oder nicht oder zu wie viel Prozent da hin oder dorthin verbucht und mit welchem Etikett. Viel wichtiger ist die Tatsache, es geht niemanden etwas an."

So habe ich nie reagiert.

Dieser Kranich –

auf leerem Güterwaggon, rostig,

in der Dämmerung ein kaltes Bahnhofszenario –

ganz klar: der lotet den Mond aus

und begreift nicht, dass sein Greifen vergeblich ist.

Fixierungen,

Palpitationen, wofür sensibilisiert werden muss:

Kaum eine meiner weiblichen Bekannten und Freundinnen ist
in ihrem Leben von sexuellen Übergriffen, Betatschungen,
Nötigungen, Missbrauch bis Vergewaltigungen verschont
geblieben.

Erst in den letzten Jahren habe ich begriffen, dass die
Ausnahme davon eine absolute Seltenheit ist.

What the fuck?!

*•©oÒ>:¬±¡O=&]

§‰‰µ³¨¬±¡O

g±°¬¬ª|±¢¢¢¢

·…!ıı?*•©o

W&#*#*(xxxî¾±²œŒ

Platzhalter;

und irgendwann ein Durchbruch

       irgendwohin

ANHAFTUNG

Lassen wir das.

Diese Spielchen.

Diese Spielchen um Betäubung,

letztlich nur Anstrengung und im Grunde Trost bedeutend,

weil wir nicht ewig sind –

kontrollverlustig(t) taumelnd im Äther wilder Herrlichkeiten:

mal materiell, mal körperlich, aber konsequent:

anhäufend.

Und diejenigen unter uns, die die Nase darüber rümpfen,
meinen einen göttlichen, weil schöpferisch spiegelnden
Standpunkt zu vertreten, indem sie den Durchblick gepachtet
haben:

Die Intellektuellen fühlen sich ermächtigt und untereinander
geboten, ihre Weisheit mit durchdringendem Blick kundzutun.
Sie philosophieren, kunsten, ismen, abstrahieren
und suhlen sich dennoch – und hier liegt der Witz – in ihren
eigenen Konstrukten und dem Erkenntnisekel um die
Lächerlichkeit der Königsdisziplin

Metaphysik.

Demgegenüber:

Langeweile ↔ Hedonismus

Ach, lassen wir das.

Dieses Spielchen.

Dieses Spielchen um Streben nach Status, Macht, Substanz.
Dieser ganze aufgeblasene Scheiß, dieser Sublimierungswahn.
Dieses ständige Produzieren, wenn schon nicht ewig, dann sich
wenigstens ohne Unterlass fickbar gestalten. Oder fressen,
stopfen und retour. Anhäufungen, Anhaftungen.

Heben wir lieber unsere Kinder auf den Arm und legen sie
über die Schulter.

Welcher Mensch solch ein Gefühl der Nähe, der
Verbundenheit, Hingabe, Aufgehen, Bedingungslosigkeit,
Widmung kennengelernt hat, bewahren und verinnerlichen
kann, es weiterzugeben für ihn eine Maxime bedeutet, kann
sich glücklich schätzen, weil er eine durch Verschmelzung
unvergängliche Wonne kreiert hat, die jederzeit anzapfbar ist.

Er muss sich dies nur manchmal wieder in Erinnerung rufen.

Was sollen die Grabungen nach Wohlstand, Tiefe,
Persönlichkeitskult, Ewigkeit,
        wenn wir uns schlichtweg eher darauf konzentrieren
sollten, mehr Zeit mit unseren Kindern zu verbringen?

Die einzige Anhaftung, die akzeptabel ist,
ist die leicht angetrocknete milchige Kotze,
die dir lauwarm den Rücken herunterrinnt.

In Liebe gebadet, wie ein Krapfen in Biskin,
so scheide ich dahin.

Geben wir uns unserer Weichheit hin.

Amen.

     Silhouetten sind so ausdrucksstark, und tragen
gleichzeitig diese Vertrocknung in sich.

***

Ein Philosophieprofessor der Uni Bonn
in ein und derselben Vorlesung:

A

„Wir sollten das betonen, was uns allen gemeinsam ist und
uns verbindet, nicht das, was uns voneinander unterschei-
det."

B

„Singlebörsenplattformen finde ich peinlich"

INTERVALL II; ÜBERSCHREIBUNG

Gestirnt an mir: Dreifaltigkeit
fernab eines Gottesglaubens,
privilegierte Banalität –
ein demontiertes Wort:

ein Himmeljauchzen,
Kinderhigh

Dem entgegen Überschattung?
Abgrund-Tausch?
Schlund-Ausblick?

Fuck off,
never
ever